Jörg Kaspar Roth

Hilfe für Helfer: Balint-Gruppen

Konflikte im Beruf verstehen lernen
und wirksam helfen können

Piper
München Zürich

ISBN 3-492-00689-2
Originalausgabe
November 1984
© R. Piper GmbH & Co. KG, München 1984
Umschlag: Federico Luci, unter Verwendung
eines Fotos Rex 52
Gesamtherstellung: Clausen & Bosse, Leck
Printed in Germany

Inhalt

Warum Hilfe für Helfer?

Die Diskussion über den helfenden Beruf hat sich zugespitzt. Es erscheint nicht mehr selbstverständlich, daß der Helfer immer wirksam und zum Wohl seiner Mitmenschen hilft. Unter »helfendem Beruf«, unter »Helfern« verstehe ich alle diejenigen, die professionell mit Menschen arbeiten, die sich in einer Notlage, in einer bedrängenden Konfliktsituation befinden.

Der Arzt wird vom Patienten aufgesucht, der unter seinen Beschwerden leidet; im Krankenhaus wird der Kranke von Spezialisten, Schwestern und Pflegern versorgt. Der Psychologe arbeitet in seiner Praxis mit Klienten, die eine Lösung ihrer psychischen Probleme suchen. Ein Seelsorger betreut die Mitglieder seiner Gemeinde mit Rat und Zuspruch. Sozialarbeiter, Bewährungshelfer, unterstützen Menschen, die aus eigener Kraft nicht für sich sorgen können. Lehrer unterrichten und erziehen Schüler. Ein Rechtsanwalt berät die Ehepartner bei der bevorstehenden Scheidung. Er klärt die rechtlichen Fragen, ein Familienrichter entscheidet darüber. Wie wird der Helfer, der als Person unmittelbar angesprochen ist, mit dieser Situation umgehen? Wie wird er auf die Wünsche und Erwartungen, auf die Befürchtungen und Ängste antworten, die sich auf ihn richten? Will er, kann er, soll er helfen?

Die Intention, zu helfen und sich für hilfsbedürftige Menschen einzusetzen, wurde gründlich in Frage gestellt. Vor allem W. Schmidbauer hat in seinen Arbeiten darauf aufmerksam gemacht, daß diejenigen, die helfend tätig sind, keineswegs immer über die Stärke und das Maß an seelischer und körperlicher Gesundheit verfügen, wie sie selbst glauben (machen). Schmidbauer zeigt, daß Helfer oft selbst Patienten und in hohem Grade hilfsbedürftig sind. Ihre psychische Stabilität rührt aus einem gegenseitigen Verklammertsein mit den Hilfsbedürftigen. Die Stärke des Helfers ist vor der Schwäche der Hilfsbedürftigen nur scheinbar; sie wird genährt von dem Bedürfnis, gebraucht zu werden. Die Möglichkeiten des Helfers – so die zentrale These – sind aufgrund seiner eigenen psychischen Beeinträchtigung erheblich geschwächt. In seinem Tun bleibt er häufig wirkungslos, im schlechtesten Fall richtet er Schaden an. Menschen im helfenden Beruf neigen zu Perfektionismus, zu hohen Idealen, zu einem strengen Gewissen. Alles zusammen führt zum Verleugnen eigener Gefühle und Bedürfnisse und zu einer Fassade der Allmacht – zum Helfersyndrom, kurz HS genannt.

Um die körperliche und seelische Gesundheit ist es demnach im helfenden Beruf schlecht bestellt. Ärzte sollen im Vergleich zum Durchschnitt der Bevölkerung häufiger an psychiatrischen Erkrankungen leiden und häufiger Selbstmord begehen. Dies hänge mit einer Persönlichkeitsstörung in der frühen Kindheit zusammen – in einer Entwicklungsphase, in der eigene Wünsche nach Versorgung, Zuwendung und Sicherheit enttäuscht und unerfüllt geblieben sind. Aus solchen Kindern werden später »hilflose Helfer«. Die früher unerfüllt gebliebenen Wünsche werden durch übergroße Ideale kompensiert und im helfenden Beruf ausgelebt. Was einem selbst entgangen ist, sollen wenigstens andere bekommen. Zu diesem einseitigen Ergebnis kommt Schmidbauer aufgrund seiner psychotherapeutischen Arbeit und seiner Erfahrungen mit Selbsterfahrungsgruppen, deren Teilnehmer im helfenden Beruf arbeiten.

Nun sind Helfer, die sich in Psychotherapie begeben oder an einer Selbsterfahrungsgruppe teilnehmen, nicht repräsentativ für die Berufsgruppe im Ganzen. Im Unterschied zu den beschriebenen Motiven des Helfens können wir genauso gut davon ausgehen, daß Menschen, die einen Helfer-Beruf ergreifen, dies deshalb tun, weil sie an positive Erlebnisse ihrer Kindheit wieder anknüpfen. Weil sie selbst einmal »viel bekommen« haben, wollen sie jetzt davon weitergeben. Wenn wir die Spiele von Kindern beobachten, deren Motive das Geben und Nehmen, Empfangen und Schenken, sind, wenn wir sehen, wie sich Kinder darüber freuen können, so liegt der Gedanke nahe, daß der Helfer an glückliche Kindheitserfahrungen dieser Art anknüpft.

Grundsätzlich kommt eine große Vielfalt von menschlichen Motiven als Triebfeder für den helfenden Beruf in Betracht, die sich keineswegs auf ein einziges Motiv reduzieren läßt. So muß es nicht allein der »neurotisch gestörte« und deshalb hilflos gewordene Helfer sein, der in seinem Beruf scheitert. Es ist wohl eher die äußerst einseitige Art der Ausbildung, die Faktenwissen statt Menschenwissen vermittelt, und es sind die höchst schwierigen, extrem belastenden Aufgaben im Beruf, die den Helfer überfordern. Inhaltsleere und Anspannung können zum Scheitern führen, zum Resignieren, zum Rückzug oder zur intensiven Verstrickung. Es kommt zur Zerreißprobe.

Wahrscheinlich bedarf es immer einer eigenen Motivation, um Helfen zu seinem Beruf zu machen. Eine bestimmte Nähe und psychische Verwandtschaft zwischen Helfer und Hilfesuchendem kann durchaus eine sinnvolle Voraussetzung sein. (Man muß sich fragen, wie Numerus-clausus-ausgewählte, extrem leistungsorientierte Medizinstudenten später in die Lage kommen sollen, sich mit den Schwächen und Leiden ihrer Patienten auseinandersetzen zu können.)

Das Problem des Helfers liegt nicht darin, daß seine Motive ungewöhnlich und möglicherweise von falschen Idealen geleitet sind, sondern daß er in eine unbewußte Dynamik zum Hilfesuchenden verstrickt wird, die ihn selbst hilflos macht und in seinem Handeln lähmt. Es kommt zu unbewußten Identifikationen mit dem Hilfesuchenden, die unbemerkt wirksam bleiben. In dieser Situation bietet die Balint-Gruppe ihren Teilnehmern die Chance, sich die Beziehung zwischen Helfer und Hilfesuchendem bewußt zu machen und gezielt an ihr zu arbeiten. Die Balint-Gruppe kann den Helfer davor schützen, in sein eigenes Unglück zu rennen, soweit es durch unbewußte Beziehungskräfte des Hilfesuchenden bedingt ist.

Eine andere Bedingung, die sich folgenreich und belastend im helfenden Beruf auswirkt, sehe ich in der offiziellen, institutionalisierten Form der Ausbildung. Sie verschafft zwar die Legitimation zur Berufsausübung, oft aber nicht die Qualifikation, um die täglichen Aufgaben und Probleme im Beruf wirksam zu lösen. Innerhalb der Ausbildung macht sich ein wachsendes Unbehagen an einer Wissensvermittlung durch Spezialisten breit, die eine ganzheitliche Sichtweise unterdrückt und die alltäglichen Belange und Konflikte hilfsbedürftiger Menschen immer mehr aus dem Auge verliert. Die einseitige naturwissenschaftliche Ausbildung in Medizin und Psychologie vermittelt ein technisches Spezialwissen und mißachtet jede Form von unmittelbarer Wahrnehmung, von persönlichem Erfahrungs- und Menschenwissen. Der vielbeklagte, folgenreiche Verlust des Persönlichen wird dadurch forciert. Hier kann Balint-Arbeit verlorene Perspektiven zurückgewinnen.

Die persönliche Beziehung zwischen Arzt und Patient, der geglückte Umgang damit, kann für den Leidenden und Hilfesuchenden zur entscheidenden Heilkraft werden. Der Arzt und Psychoanalytiker Michael Balint spricht deshalb von der »Droge Arzt«, jenem Medikament, das in der alltäglichen Praxis am häufigsten verschrieben und angewandt wird – freilich in der Regel unbewußt. Das hat den Nachteil, daß die Wirkungen und Nebenwirkungen, Indikationen und Kontraindikationen, die Fragen der richtigen Dosierung unbedacht bleiben und ihr Einsatz ungezielt erfolgt. Im helfenden Beruf wird nicht gelernt, mit diesem Medikament umzugehen. Es bleibt unerkannt, weil es sich um unbewußte Vorgänge handelt. Die Sprachverwirrung zwischen Arzt und Patient, von der Balint noch ausging, ist längst zu einer Sprachlosigkeit geworden.

Im Glauben an die naturwissenschaftlich erklärbare Verursachung und Behandlung von Krankheit, etwa auf seiten der Schulmedizin, wird eine ganzheitliche Sicht, ein Wissen, das körperliche, seelische und soziale Zusammenhänge menschlichen Lebens zusammenfügt, als unnötiger Ballast über Bord geworfen. Dieser Glaube wird zwar zunehmend vorsichtiger verbalisiert, im klinischen und praktischen Alltag wird er jedoch nach wie vor uneingeschränkt praktiziert. Schon zeichnet sich auf einigen medizinischen Gebieten ab, daß die therapeutischen Angebote der modernen Medizin vom Patienten nicht mehr widerspruchslos angenommen werden, wenn seine Erkrankung ausschließlich als körperliches Geschehen behandelt wird. Bücher, die die Wirkungsweise und Verschreibungsrisiken von Medikamenten kritisch kommentieren, werden innerhalb weniger Wochen zu Bestsellern. Solche Entwicklungen lassen das Ausmaß an Mißtrauen und die Verunsicherung beim »allgemeinen Patienten« ebenso ahnen wie die öffentlichen Diskussionen über die gewaltige Kostenexplosion im Gesundheitswesen.

Über eine neuere Untersuchung an Herz-Kranken, die sich einer erfolgreichen Bypass-Operation unterzogen hatten, berichtete J. P. Stössel. Etwa die Hälfte der operierten Patienten kehrte innerhalb von 3 bis 5 Jahren nach der Operation nicht in das Berufsleben zurück, obwohl ihre Herzleistung kardiologisch als gut bezeichnet wurde. Die Hälfte der untersuchten Patienten zeigte Persönlichkeitsveränderungen und litt nach dem Eingriff unter Todesängsten und Suizidgedanken; ein Drittel der Patienten hatte sexuelle Schwierigkeiten und Partnerschaftsprobleme. Wenn die psychische und soziale Situation des Patienten, so lautet die Schlußfolgerung der Untersuchung, nicht ebenso ernsthaft beachtet wird wie die meßbare Organfunktion, dann beraubt sich die moderne Herzchirurgie ihrer Wirksamkeit und dient der Selbstdarstellung eines Fortschritts, mit dem der Mensch nicht mehr Schritt halten kann.

Ein anderes Problem des helfenden Berufs liegt in seiner stupenden Bürokratisierung. Historisch und gesellschaftlich liegt eine Ursache darin, daß helfende Dienste von öffentlichen Institutionen angeboten und dem dort herrschenden Organisationsprinzip unterworfen werden. Horst-Eberhard Richter hat in seinen Arbeiten die psychosozialen Folgen dieser Bürokratisierung helfender Tätigkeit mit allem Nachdruck deutlich gemacht. Gerade im sozialen Bereich wirkt sich Bürokratismus verhängnisvoll aus. Er führt nicht zur Selbständigkeit der Betroffenen, sondern zu verstärkter Abhängigkeit, weil die Regeln und Formalien, die Anträge und Formulare, der ganze Papierkrieg, mit dem die Betroffenen konfrontiert werden, deren Lebenswelt und aktueller Notlage völlig fremd sind. Ursprünglich dienten bürokratische Formen dazu, eine willkürliche Behandlung auszuschließen. Heute wird dieses Prinzip ins Gegenteil verkehrt, und nur zu oft verfehlen bürokratisch organisierte Hilfsangebote die Bedürfnisse der Betroffenen. Die von Politikern gebrauchte Floskel von der »sofortigen und unbürokratischen Hilfe« spricht für sich.

Die Bürokratisierung helfender Tätigkeit, das ordnungsgemäße Festhalten in Akten und Formularen, dient sowohl der Abwehr einer direkteren Konfrontation mit menschlichem Leid wie auch dem Aufrechterhalten eines Zirkels von Abhängigkeit und Gegenabhängigkeit zwischen Hilfesuchendem und Helfer. Vor allem wird die latente Aggressivität und Feindseligkeit dadurch auf beiden Seiten kanalisiert und in Schach gehalten. Schließlich kommt es durch die Bürokratie zu einer immer größer werdenden Aufsplitterung in der Beziehung zwischen Hilfesuchendem und Helfer. Denn meistens wird ein Klient von mehreren Personen, Abteilungen, Ämtern betreut. Die Verantwortung wird aufgeteilt oder abgeschoben, niemand weiß genau, was die Kollegen tun und im einzelnen planen. Die Klienten ihrerseits machen sich diesen Umstand so gut wie möglich zunutze und versuchen damit zu leben, indem sie die Helfer aufspalten oder auch gegeneinander ausspielen – freilich um den Preis, weiterhin von Hilfe abhängig zu bleiben.

Eine verantwortliche, persönliche Beziehung zwischen Helfer und Hilfesuchendem herzustellen, gehört praktisch zur Voraussetzung der Balint-Gruppenarbeit. Immer dort, wo der Verlust dieser persönlichen Beziehung bevorsteht, wird die Balint-Gruppe ihre Mitglieder auffordern, die genannte Verantwortlichkeit für die Beziehung zu stärken oder herzustellen, die Aufsplitterung so weit wie möglich rückgängig zu machen oder sie in ihrer Auswirkung zu bedenken.

Unbewußte Motive menschlichen Handelns und Verhaltens sind komplex, undurchschaubar, oft paradox und deshalb schwer verständlich. Trotzdem sind sie wirksam. Häufig bleibt unsere Hilfe unwirksam, weil wir die Wünsche und Ängste des Hilfesuchenden nicht erkennen. Enttäuschung, Abwendung oder gegenseitige Verstrickung sind die Folge auf beiden Seiten. In diesem Dilemma bietet die Balint-Gruppe Hilfe und Aufklärung. Sie trägt dazu bei, die zwischenmenschliche Beziehung als wichtigstes, weil alltägliches Therapeutikum gezielt einsetzen zu können.

Das unbewußte Geschehen in der Beziehung zwischen Helfer und Hilfesuchendem verstehen zu lernen, um die eigene Arbeit wirksamer gestalten zu können, ist das Ziel der Balint-Gruppe – eine Methode, die der Arzt und Psychoanalytiker Michael Balint in den fünfziger Jahren entwickelt hat. In einer kleinen Gruppe von sechs bis zwölf Teilnehmern, die denselben Beruf ausüben, werden Fallbeispiele aus der alltäglichen Praxis besprochen und mit der psychoanalytischen Methode untersucht. Im Unterschied zu den hochspezialisierten Ausbildungsgängen bildet die Balint-Gruppe das aus, was jeder, der im helfenden Beruf tätig ist, zur Verfügung hat und einsetzt: sich selbst, die eigene Person.

I. »Alltag« einer Balint-Gruppe

Wir befinden uns in einer Gruppe von zehn Psychologie- und Pädagogikstudenten, die bereits während ihres Studiums praktisch arbeiten. Gleich zu Beginn der Stunde wird von M. ein neues Fallbeispiel vorgetragen.

»Es ist ziemlich kompliziert«, bemerkt er einleitend, »und das liegt wahrscheinlich an mir«, fügt er mit einem leisen Selbstvorwurf hinzu. Es geht um Mike, den er zusammen mit fünf anderen acht- bis neunjährigen Kindern im Rahmen einer Hausaufgabenhilfe betreut. Die Schwierigkeit liegt darin, ihn zu motivieren, die Hausaufgaben zu machen, »sich an den Tisch zu setzen und sich zu konzentrieren. Mike hat eine gute Technik, mich zu provozieren. Er geht so weit, bis ich ihn aus der Gruppe tue, ihn rauswerfe, wie es letzte Woche passiert ist.« Balint-Gruppenleiter: »Können Sie eine Szene berichten?« – »Ja. Der spitzt zum Beispiel ewig lang Bleistifte und macht Faxen und zwar so lange, bis es reicht. Das gleiche Problem hatte er früher mit meiner Kollegin. Der Mike ärgert mich, und dann sagt er, ›schlag‹ mich doch, dann hol’ ich die Polizei. Der kriegt genau den Punkt raus, wo er mich Schach-matt setzen kann.«

Die Balint-Gruppe beschäftigt sich mit der geschilderten Situation, versucht herauszufinden, was der Junge mit dem Betreuer macht. Er verkörpert, repräsentiert etwas Wichtiges in seiner Gruppe: Faxen, Blödsinn machen. Er will den Betreuer lenken, manipulieren, so wird vermutet, und zwar so, daß er die Kontrolle über sich verliert, ihn schlägt, und Mike dann mit Recht die Polizei holt, die für Ordnung sorgt, den Pädagogen einsperrt, usw. Der Berichtende fühlt sich in der Beziehung zu Mike hilflos und ohnmächtig. Dies wird später in der Gruppe als Gegenübertragung erkannt – ein äußerst wichtiger Lernschritt.

14

Der Junge fühlte sich zuhause wahrscheinlich ebenfalls hilflos und ohnmächtig, so die Überlegung eines Kollegen in der Balint-Gruppe, und sein Gedanke wird durch folgendes Material bestätigt: Mike wächst bei seiner Mutter auf, die sich wenig um ihn kümmern kann. Der Vater ist von zuhause weg, ebenso die beiden älteren Brüder. Von einer »verwahrlosten Familienatmosphäre« wird berichtet. Mike verkleidet sich gern. Er zieht Frauenkleider an und möchte ständig im Mittelpunkt stehen und beachtet werden. »In der Gruppe zieht er eine Perücke auf, dann tanzt er rum, da ist alles vorbei mit Hausaufgaben«, so M. »Wenn ich allein mit ihm wäre, würde ich ihn nicht so schnell rauswerfen.«

Die Balint-Gruppe diskutiert, wie man auf den Jungen »positiv zugehen« kann, so daß er aus dem Mittelpunkt, aus der Sündenbockrolle herauskommt. Berichtender: »Auf ihn positiv zugehen, da weiß ich nicht, habe ich Angst. Wird das zu nah? Ob ich das mit ihm durchhaue?« – verspricht er sich und verbessert dann: »Ob ich das mit ihm durchhalte.« Erleichtertes Gelächter in der Gruppe. Die Deutung des Leiters: »Wenn Sie und der Junge weniger Angst vor Nähe haben, wird die Aggressivität abnehmen.«

Im folgenden Gruppengespräch wird deutlich, wie groß die Angst vor Nähe, vor den damit verbundenen aggressiven und homosexuellen Impulsen und vor befürchteter Zurückweisung bei Mike ist. Gleichzeitig droht in der Kindergruppe die unbewußte Wiederholung der familiären Situation, wo Mike seinen Rausschmiß zu provozieren sucht. In der Balint-Gruppe sagt M., er stehe vor der Schwierigkeit, daß er einerseits mit der quasi »antiautoritären Haltung« des Jungen sympathisiere und andererseits selbst als Autoritätsperson auftreten will und muß. Er versteht also Mike zunächst aufgrund einer eigenen Identifikation mit dem Jungen und erkennt, daß er damit allein seiner Aufgabe als Pädagoge nicht gerecht wird. Beim folgenden Treffen der Balint-Gruppe ist zu erfahren, daß sich die Beziehung zu Mike überraschend positiv entwickelt hat. Beide haben zusammen ein Flugzeug gebaut. Mike kann sich jetzt besser in die Gruppe einfügen und seine Hausaufgaben erledigen.

In der Anfangsphase geht es in der Balint-Gruppe darum,

überhaupt ein Gespür für die psychische Dynamik einer Beziehung zu entwickeln. Es geht also darum, zu erfahren und zu spüren, daß es neben dem inhaltlich konkreten Geschehen in einer Beziehung noch etwas ganz anderes gibt: einen verdeckten, indirekten Austausch von Botschaften und Gefühlen, der unausgesprochen bleibt, ein Wechselspiel von Verhaltensweisen, deren Absichten nicht erkannt werden, aber wirksam bleiben.

Die Balint-Gruppe setzt sich aus Mitgliedern ein und derselben Berufsgruppe zusammen und bietet ihren Teilnehmern die Möglichkeit, anhand konkreter Beispiele aus dem Berufsalltag typische Eigenschaften zwischenmenschlicher Beziehungen und Konflikte zu studieren und sie in ihrer unbewußten Bedeutung verstehen zu lernen. Diese Art des Lernens wird durch die persönliche Atmosphäre in einer kleinen Gruppe möglich, die üblicherweise aus 6 bis 12 Personen besteht. Sie trifft sich in der Regel einmal wöchentlich für ein bis zwei Stunden mit einem Psychoanalytiker oder einem entsprechend ausgebildeten Gruppenleiter über einen Zeitraum von 1 bis 3 Jahren. Die Teilnehmer stellen in der Balint-Gruppe sogenannte Fallbeispiele vor und diskutieren darüber nach einer psychoanalytischen Methode. Der Arzt berichtet über seinen Patienten, der Sozialarbeiter über seinen Klienten, ein Lehrer über seine Schüler, ein Seelsorger über den Ratsuchenden, ein Richter über den Angeklagten, ein Rechtsanwalt über das Ehepaar, das sich scheiden läßt, die Krankenschwester über ihren Patienten. Die Balint-Gruppenmethode wird heute in den Berufsfeldern angewandt, in denen die zwischenmenschliche Beziehung eine ähnlich zentrale Rolle einnimmt wie im Arztberuf.

Das Lernen vollzieht sich über ein Aufarbeiten persönlicher Berufserfahrung. Es ist ein Lernen aufgrund intensiver Reflexion und Auseinandersetzung mit der alltäglichen Erfahrung im Beruf. Im Lauf dieser Gruppenarbeit verfeinert sich die eigene Wahrnehmung, und die Fähigkeit, sich in andere Menschen einzufühlen, nimmt zu, aber auch die Möglichkeit, sich von anderen sinnvoll abzugrenzen und nein sagen zu können. Im folgenden Beispiel wird dies deutlich.

Ute, die Betreuerin eines freien Kindergartens, erzählt in der Balint-Gruppe von dem »Schreihals in ihrer Kindergruppe« und über die Streitigkeiten mit den Eltern, ob sie das neue Mädchen in ihre Kindergruppe nehmen kann oder nicht. Auf Wunsch der Eltern soll in die Gruppe von zehn Kindern zwischen 4 und 6 Jahren ein dreijähriges Mädchen neu dazukommen. Darüber kommt es zu Auseinandersetzungen mit den Eltern. Außerdem hält das kleine Mädchen die Trennung von seiner Mutter noch nicht aus. Es schreit viel, weshalb die Mutter häufig in den Kindergarten mitkommt. »Das regt mich auf. Das Kind schreit wie am Spieß, und die Mutter kann ihre Tochter nicht allein lassen. Nur wenn ich mich besonders um dieses Kind kümmere, ist das Wegbleiben der Mutter erträglich«, berichtet Ute.

»Was für eine Grenze setzt Du Dir?« fragt ein Kollege in der Balint-Gruppe. »Das war eben von Anfang an zwischen den Eltern und mir unklar. Zehn Kinder in einer Gruppe ist meine Grenze, das kann ich gut machen.« Nun wird Ute klar, daß der Konflikt mit den Eltern und die Schuldgefühle, die ihr die Eltern machen, sie in ihrer Entscheidungsfähigkeit lähmen. Vor dem Elterntreffen hat sie Angst, fühlt sich unsicher und fragt, ob sie auf die Mutter des kleinen Mädchens »richtig eingegangen« ist, ob das gut war, ihr zu sagen, »sie soll gehen.« Erinnerungen an frühere Streitigkeiten mit den Eltern tauchen auf; damals ging es um Urlaubsregelung und Bezahlung. Ute traut sich nicht zu entscheiden, ob sie das neue Mädchen in die Gruppe nehmen will oder nicht. Möglicherweise, so ihre Befürchtung, würden die Eltern dann »mit dem Geld kommen«.

»Du bist der verlängerte Arm der Eltern«, entgegnet eine Kollegin in der Balint-Gruppe, »und da reagieren sie sauer, wenn ihr Arm nicht so funktioniert, wie sie wollen.« – »Die Eltern glauben vielleicht«, so ein anderer Teilnehmer, »sie können mit Dir machen, was sie wollen. Sie glauben, sie hätten eine perfekte Erzieherin, ein Kindermädchen, und dafür zahlen sie. Was die Eltern ihren Kindern nicht geben können, sollst Du für sie sein. Was bist Du, eine Übermutter oder eine angestellte Erzieherin?«

Unterstützt von der Balint-Gruppe, gegenüber den Eltern eigene Interessen entschiedener zu vertreten, sich klarer abzugrenzen und sich nicht in das überzogene Ideal von der »Übermutter« einspannen zu lassen, sagt Ute: »Jetzt ist mir klarer, wo der Konflikt zwischen mir und den Eltern liegt. Da muß ich eine Grenze ziehen – für mich und gegenüber den Eltern.«

In dieser Stunde spiegelte sich in dem Fallbeispiel auch ein Problem der Balint-Gruppe: die Zahl der Teilnehmer. Hier war es dem Balint-Gruppenleiter gelungen, zwei Interessenten wieder wegzuschicken. Ute fällt es hingegen in ihrer Kindergruppe schwerer, die Grenze zu ziehen und einzuschätzen, wieviele Kinder sie betreuen kann.

Das Lernen fordert in einer Balint-Gruppe von den Beteiligten Zeit und Geduld, da für den Zugang zum Unbewußten eine neue Wahrnehmungsweise eingeübt werden muß, die traditionellem Verstehen und Wahrnehmen widerspricht. Dabei treten verschiedene Hindernisse auf, die wir verallgemeinernd als Abwehrkräfte bzw. als Widerstand verstehen. Das bewußte Interesse und der Wunsch, Unbewußtes zu erkennen und in Erfahrung zu bringen, ist oft ebenso groß wie die unbewußte Angst vor solcher Erkenntnis und ihren Folgen. Dies gilt auch für die Teilnehmer einer Balint-Gruppe. Dazu ein kurzes Beispiel.

Die Mitglieder der Gruppe stellen anfangs ihre Arbeit vor, die Atmosphäre ist gespannt, nervös. Jeder betont, wie unvollständig und fehlerhaft das eigene Arbeiten ist, und führt das auf die eigene Person zurück. Der Gruppenleiter wird dagegen in ein sonniges, ideales Licht gerückt. Mit viel Selbstkritik erzählt eine Kollegin von ihren Beratungen mit Pädagogen, die türkische und griechische Kinder betreuen und die den vereinbarten Treffen fernbleiben. Ein anderer Kollege berichtet von seiner Tätigkeit in einem Heim für Jugendliche, die dort mit Mißtrauen beobachtet würde. Die Sozialpädagogin zeigt sich zutiefst unzufrieden, weil in ihren Beratungen »alles so harmonisch verläuft; da gibt's gar keine Probleme«.

Zu Beginn der Balint-Gruppenarbeit wird oft eine Angst spürbar, bewertet zu werden, schlecht dazustehen in der Gruppe, vor den Kollegen als unfähig zu erscheinen. Die Angst, entwertet zu werden, verwandelt sich in eine Angst vor der Gruppe oder ihrem Leiter. Die Befürchtung kann unterschiedliche Quellen haben – sie kann von den Hilfesuchenden ausgehen, die ihre Betreuer und Helfer klein und minderwertig machen wollen, um ihnen zu demonstrieren, wie sie sich selbst oft fühlen. Oder sie kann von den Teilnehmern der Gruppe und ihrem hohen Ideal herrühren, das sie auf die Gruppe oder den Leiter übertragen. Davon verschieden ist die Angst, den anderen Menschen direkt zu berühren, wie es eine Krankenschwester für die Situation mit ihrer Patientin schildert.

»Die Wahrheit ist schwer zu ertragen, wir haben oft selbst Angst davor, nicht nur die Patienten«, bemerkt Anne selbstkritisch in der Balint-Gruppe. Eine seit Wochen an Magenkrebs schwer erkrankte Patientin kennt Art und Ausmaß ihrer Krankheit nicht. Eines Morgens, als Anne mit ihrer Kollegin im Zimmer der Patientin war, um die Betten zu machen, sagt die Frau zu ihr: »Wenn ich wüßte, daß ich Krebs habe, würde ich mich erschießen.« Anne und ihre Kollegin waren erschrocken und ratlos, sie sahen sich schweigend an, sagten weiter nichts und verließen das Krankenzimmer. Auf die Frage, wie die Patientin wirken würde, antwortet Anne: »Resolut, aktiv, selbstbewußt.« Sie selbst fühle sich unter Druck, wisse nicht einmal, ob sie die Wahrheit andeuten könne. Der Patientin alles vorzuenthalten, fände sie bedrückend.

In der Gruppe wird daraufhin darüber diskutiert, ob die Patientin über ihre Krankheit aufgeklärt werden soll, wie und wer das machen könne. In ihrer Androhung von Selbstmord, so wird vermutet, komme ja ihre Ahnung und ihre Verzweiflung darüber zum Ausdruck, daß sie unheilbar krank ist. Anne hatte schon versucht, mit der Patientin in ein Gespräch zu kommen und einen persönlichen Kontakt herzustellen, was jedoch mißlang. Die Balint-Gruppe spricht darüber, daß die so selbstbewußte, aktiv wirkende Frau große Angst davor hat, ihrer Krankheit ohnmächtig ausgeliefert zu sein, nicht mehr über sich selbst bestimmen zu können. »Sie versucht«, so meint eine Kollegin, »sich von ihrer Angst zu entlasten, indem sie Euch mit Selbstmord droht. Eure Angst und Ratlosigkeit ist die der Patientin.«

Die Stimmung in der Balint-Gruppe ist bedrückt, die Teilnehmer sind betroffen – aber nicht mehr ängstlich und ratlos. »Wieviel kann ich einem Patienten zumuten? Bin ich selbst in der Lage, mit ihm über seine Situation zu sprechen?« meint Anne nachdenklich am Schluß.

Ein anderer Aspekt der Balint-Gruppenarbeit wirkt ebenfalls

beunruhigend. Eine Kollegin berichtet von ihrer Tätigkeit als Beraterin in einem katholischen Kindergarten, der von einem jungen Pfarrer mit besonders anspruchsvollen, ehrgeizigen Zielen neu eingerichtet wurde. Es kommt zu Spannungen zwischen dem Pfarrer und den Kindergärtnerinnen. In der Balint-Gruppe taucht die Frage auf: »Wer braucht, wer benutzt wen wozu?« Braucht der Pfarrer den modernen Kindergarten und die Kinder dazu, um die Eltern in die Kirche zu bringen? Während unserer Diskussion drängten sich solche Vermutungen auf. Von den betroffenen Kindern war jedenfalls kaum noch die Rede. Bei dem Gedanken, daß Kinder für Interessen und Wünsche gebraucht werden, die ihnen fremd sind und den Erwachsenen dienen, wird einigen in der Gruppe unwohl. Die Erkenntnis, daß unbewußte Wünsche und Absichten völlig konträr zu bewußten Einstellungen, Wertvorstellungen und Absichten stehen können, wirkt beunruhigend und löst Betroffenheit aus.

Besonders zu Beginn hat die Balint-Gruppe damit zu kämpfen, sich auf die Betroffenen, von denen berichtet wird, einzulassen, die eigenen Gefühle und persönlichen Reaktionen auf den Bericht ernstzunehmen, sie offen zu zeigen und mitzuteilen, nicht alles sofort verstehen zu wollen und mit Interpretationen zuzudecken.

Die ungewohnte Gesprächssituation in der Gruppe wirkt anfangs verunsichernd, da sie sich von einem konventionellen Gespräch erheblich unterscheidet. Der Umstand, daß schon einige wenige Mitteilungen des Berichtenden genügen sollen, um daraus etwas Typisches über die Beziehung erfahren zu können, weckt Unsicherheit und Bedenken. Führen nicht, wenn der konkrete Inhalt derart vernachlässigt wird, die Phantasien und gefühlsmäßigen Reaktionen der Gruppe auf den Bericht zu reiner Spekulation?

Die Balint-Gruppe arbeitet mit der psychoanalytischen Methode, um die unbewußten Vorgänge und Beziehungen zu erkennen. Zum besseren Verständnis der Arbeitsweise werde ich die für diesen Zusammenhang wesentlichen Grundlagen des psychoanalytischen Denkens vorstellen.

II. Psychoanalytisches Denken als Grundlage

Das Unbewußte und seine Wirkungsweise

Die Entdeckung Sigmund Freuds ließe sich, in einem Wort zusammengefaßt, als die Entdeckung des Unbewußten bezeichnen, und tatsächlich gilt die klinisch-wissenschaftliche Erforschung des Unbewußten auch heute als das zentrale Anliegen und Erkenntnisinteresse der Psychoanalyse.

Wie in kaum einem anderen wissenschaftlichen Bereich sind psychoanalytische Begriffe Teile der Umgangssprache und Bestandteil eines psychologisierenden Jargons geworden. Vom Unbewußten und vom Bewußten, von Verdrängung und Fixierung, von Abwehr und Projektion spricht heute jeder. »Das mußt Du Dir erst mal bewußt machen!« oder »Das hast Du wieder total verdrängt!« – sind Floskeln, die sagen sollen, daß ich einen Zusammenhang, den man mir erklären will, noch nicht verstanden habe, und von Verdrängung ist die Rede, wenn ich etwas vergessen habe, woran ich hätte denken können. Vertrete ich konsequent einen Standpunkt oder hänge ich einer Lieblingsidee nach, dann gelte ich als »fixiert«. Hat das Essen nicht geschmeckt, sind wir »oral frustriert«, und wer sich, anstatt mit Schuldgefühlen zu reagieren, gegen Vorwürfe verteidigt, hat »alles total abgewehrt«.

Auffallend an der umgangssprachlichen Verwendung psychoanalytischen Vokabulars ist entweder eine alles entschuldigende oder eine entwertende, diskriminierende Absicht – der Wunsch, Überlegenheit zu demonstrieren. Als sei das Unbewußte im Vergleich zum Bewußten etwas Schlechteres, Minderwertiges. Das entspricht nicht im mindesten der psychoanalytischen Absicht, die gerade darin liegt, das unbewußte Seelenleben mit seinen

21

Zwängen, mit seinen verborgenen Ängsten und Wünschen dem einzelnen Menschen verfügbar zu machen und in bewußte Energie und freie Lebensmöglichkeit zu verwandeln.

Ich hoffe, mit dem folgenden Abschnitt und der verkürzten Darstellung psychoanalytischen Denkens nicht zu weiteren Mißverständnissen beizutragen oder durch das Verwenden psychoanalytischer Begriffe eigene Unklarheiten zu verdecken. Demjenigen, der bereits über grundlegendes psychoanalytisches Wissen verfügt, empfehle ich, diesen Abschnitt zu überschlagen, da er nichts Neues finden wird. Dem Leser mit wenigen Vorinformationen über Psychoanalyse mute ich eine relativ abstrakte und traditionelle Einführung zu, die lediglich die Hauptströmung psychoanalytischen Denkens kennzeichnet, ohne auf die verschiedenen tiefenpsychologischen Schulen und auf die neueren Entwicklungen einzugehen.

Die psychoanalytische Methode beruht auf einer langfristigen, kontinuierlichen Beobachtung psychischer Vorgänge. Die innerseelischen Vorgänge, wie sie sich auch in unseren Verhaltensweisen ausdrücken, gelten überwiegend als durch vorangegangene Ereignisse, durch die Entwicklung in Kindheit und Jugend bedingt und geprägt, determiniert. Sehr viele seelische Vorgänge sind unbewußter Natur und verfolgen dennoch ein bestimmtes Ziel, eine Absicht, d. h. sie sind final. Psychoanalytisches Beobachten und Vorgehen befaßt sich also keineswegs allein mit Vergangenem, sondern ebenso mit der zukunftsbezogenen Seite seelischer Prozesse. Allerdings werden dabei andere wichtige Aspekte menschlichen Lebens, wie z. B. ökonomische, soziale, biologische Zusammenhänge, mehr oder weniger vernachlässigt. Wir beobachten also überwiegend innere seelische Vorgänge in ihren unterschiedlichsten, oft widersprüchlichsten Ausdrucksformen.

Nachdem die Psychoanalyse zur Zeit Freuds als Wissenschaft abgelehnt und geächtet, in Deutschland während des 3. Reichs sogar politisch verfolgt war, wird sie heute mal als allgemeine Quelle für Lebenssinn mißverstanden, mal als Heilslehre idealisiert und dann wieder entwertet, oder Psychoanalyse wird weiterhin als unwissenschaftlich abgelehnt, weil sie sich einer naturwissenschaftlichen Überprüfung entzieht. Wie jedes andere wissenschaftliche Verfahren enthält natürlich auch das psychoanalytische Vorgehen Fehlerquellen und Irrtumsmöglichkeiten und ist alles andere als dazu geeignet, zur Heilslehre stilisiert zu werden.

Psychoanalytische Theorie wird häufig als ein in sich geschlossenes, stimmiges Denksystem angesehen, obwohl dies historisch weder auf ihre Entwicklung noch auf ihre heutige Verfassung zutrifft. Vieles spricht dafür, von psychoanalytischer Theorie als einer Summe grundlegender, in sich mehr oder weniger stimmiger Theorieteile zu sprechen, die durch einen breiten Schatz klinischen Erfahrungswissens und durch allgemeine Erklärungen abgesichert wird.

Halten wir fest, daß psychoanalytische Theorie sich stets auf der Grundlage und in der Beziehung zur analytischen Behandlungsmethode entfaltet hat. Freud entwickelte den zentralen Begriff des Unbewußten aus seiner analytischen Arbeit und Erfahrung mit Patienten. Einerseits ist Psychoanalyse also eine konkrete Methode der Krankenbehandlung, und andererseits versuchen wir damit, allgemeine psychologische Aussagen und Erklärungen zu gewinnen. Eine Darstellung dieser Theorie ist schon deshalb trocken und schwer nachzuvollziehen, weil sie losgelöst von der klinischen Praxis erfolgt, aus der sie über Jahrzehnte hinweg gewonnen wurde.

In seiner Schrift »Das Unbewußte« geht Freud davon aus, daß das Unbewußte größtenteils aus dem Verdrängten besteht und erst nach einer Bearbeitung von Widerständen ein Bewußtwerden möglich wird. Diese Widerstände werden von einer Energie gespeist, um bestimmte, einmal wahrgenommene Inhalte vom Bewußtsein fernzuhalten, um sie zu verdrängen. Die Annahme von der Existenz und der Wirkungsweise eines Unbewußten war für Freud notwendig geworden, weil »die Daten des Bewußtseins« lückenhaft blieben und weil bestimmte Verhaltensweisen von kranken wie gesunden Menschen ohne die Annahme eines Unbewußten unverständlich blieben.

Was sind die Daten des Unbewußten? Dazu gehören Träume, psychische und psychosomatische Symptome sowie Phantasieleistungen. Der Bereich des Seelischen umfaßt nach psychoanalytischem Verständnis das Bewußtsein ebenso wie das Unbewußte. Unbewußtes und Bewußtes stehen nicht getrennt als zwei separate psychische Bereiche nebeneinander, sondern weisen eine kontinuierliche Verbindung auf. Wie kommt es im einzelnen zu dieser Vorstellung? Wie können wir uns das Verdrängte vorstellen, wie sieht es aus? Woraus soll das Unbewußte bestehen?

Freud ging bei der Behandlung der Hysterie davon aus, daß den Symptomen seiner Patientinnen zunächst reale, traumatische Ereignisse während der Kindheit zugrunde lagen. Wörtlich übersetzt bedeutet das griechische Wort »Trauma« Wunde, Verletzung, auch Schaden, Verlust, Niederlage. Unter seelischen Traumen verstehen wir Ereignisse wie den frühzeitigen Tod eines Elternteils, eine schwere Erkrankung und damit verbundene Trennung von zuhause, die Scheidung der Eltern, die Verletzung oder Mißachtung elementarer kindlicher Bedürfnisse nach Sicherheit, die sexuelle Verführung von Kindern oder Jugendlichen durch Erwachsene, psychische oder physische Demütigungen unterschiedlichster Art. Solche Traumen rufen beim Kind übergroße Gefühle von Angst, Scham, Schmerz oder Trauer, Wut oder Schuld hervor. Aufgrund seiner seelisch wie körperlich abhängigen Lage ist die Verletzlichkeit eines Kindes sehr viel größer als die eines erwachsenen Menschen.

Für die weitere seelische Entwicklung des Kindes wird es entscheidend, ob und wie es das verletzende Trauma verarbeiten kann, ob die seelische Wunde verheilt oder nicht, welche Narben zurückbleiben. Da die psychischen Möglichkeiten eines Kindes oder Jugendlichen, ein schweres Trauma zu bewältigen, begrenzt sind, müssen die mit dem Trauma verbundenen Gefühle und Erinnerungen häufig vom Bewußtsein getrennt, verdrängt werden. Affekt und Erinnerung an das Trauma werden unbewußt. Unter Affekt verstehen wir jeden Gefühlszustand, zu dem es aufgrund äußerer oder innerer Erregung gekommen ist. Das Trennen und Fernhalten vom Bewußtsein ist selbst ein aktiver, aber unbewußter Vorgang, den wir als Abwehr verstehen, als ein Sich-Wehren gegen das Bewußtwerden. Doch damit ist das Problem nicht gelöst. Denn das verdrängte Trauma gibt keine Ruhe, es lebt als ungelöster, unbewältigter

Konflikt weiter, und nur durch ständige seelische Anstrengung kann ein Bewußtwerden verhindert und die Abwehr aufrechterhalten werden.

Der ungelöste, verdrängte Konflikt drängt einerseits in Gestalt von Wiederholungen in das Bewußtsein, um zu einer Lösung zu gelangen. Andererseits wird der bedrängende Konflikt vom Bewußtsein ferngehalten und abgewehrt, weil er Angst oder andere unangenehme, unerträgliche Gefühle auslöst. Die Verdrängung ist also eine dynamische Bewegung, die ständig durch seelische Energie aufrechterhalten werden muß.

Nehmen wir das Beispiel eines jungen Mannes, der sich in psychoanalytische Behandlung begibt, weil er sich seit einigen Jahren stets aufs Neue und voller Hoffnungen in Liebesaffären verwickelt, die jeweils nach kurzer Zeit wieder zu Bruch gehen. Darunter leidet der Patient stark. Schon während der ersten Analysestunden stellt sich heraus, daß sich im Alter von drei Jahren die Eltern des Patienten trennten, der der Jüngste von drei Brüdern ist, und daß der Vater nach einigen Jahren eine andere Frau mit vier Kindern aus deren erster Ehe heiratete. Gleichzeitig blieben Vater und Mutter des Patienten durch langjährige Streitigkeiten über Erziehungsfragen und Unterhaltszahlungen miteinander verbunden, in denen der Junge damals zwischen seinen Eltern zu vermitteln und zu schlichten versuchte – eine Aufgabe, von der er hoffnungslos überfordert war und die wahrscheinlich die Ursache für stark depressive Phasen während seiner Jugend gewesen ist.

Das schmerzliche, traumatische und für ihn unendlich traurige Erlebnis der Trennung der Eltern und deren jahrelanger Streit miteinander konnte der Patient als dreijähriges Kind nicht verarbeiten. Sehnsuchtsvolle Wünsche nach einem harmonischen Familienleben blieben unerfüllt – und wurden verdrängt. Als Erwachsener selbst vor die Aufgabe gestellt und mit dem Wunsch konfrontiert, sich an eine Frau zu binden, tauchten die alten Ängste und Wünsche, die frühen Schmerzen und Konflikte wieder auf – relativ unkenntlich im Kleid der Gegenwart.

Erst im Laufe einer längeren analytischen Behandlung gelang es, die unbewußt gewordenen Erlebnisse als Konflikte aus der Kindheit zu bearbeiten, sie zu erinnern und noch einmal bewußt nachzuerleben, ein Prozeß, der viel Zeit fordert und immer wieder von Rückschlägen gefährdet ist. Denn wer akzeptiert schon leichten Herzens die Notwendigkeit, sich mit den schmerzlichen Situationen von früher noch einmal auseinanderzusetzen? Durch das Erinnern an die Zeit, als sich die Eltern trennten, war es diesem Patienten schließlich gelungen, zwischen Vergangenem und Gegenwärtigem unterscheiden und neue Lösungen finden zu können.

Das Ziel der psychoanalytischen Behandlung oder einer analytischen Psychotherapie und das Ziel der Balint-Gruppe, wenn auch in veränderter Form, liegt darin, solche Verdrängungen zu erkennen, sie Schritt für Schritt aufzuheben und die Rückkehr der »vergessenen« Erlebnisse in das Bewußtsein zu ermöglichen, um sie schließlich zu überwinden.

Die »Trauma-Theorie« war ein erster, wichtiger Schritt Freuds zu einem umfassenden Verständnis des unbewußten Geschehens. In seiner analytischen Arbeit mit Patienten zeigte sich jedoch zunehmend, daß die Erinnerungen an traumatische Ereignisse nicht nur Erinnerungen an reale Ereignisse waren, sondern daß es sich um eine Mischung aus Erinnerung und Phantasie über bestimmte Ereignisse, oft sexueller Art, handelte. Das Trauma wurde also von dem, der es erlitten hatte, aktiv verarbeitet, verwandelt und in einem persönlichen Sinne sogar verfälscht. So war in der analytischen Arbeit zu beobachten, daß der Patient aus dem Erlebnis, verführt worden zu sein, ein aktives Verführen machte, daß aus dem Attackierten und Angegriffenen jetzt ein leidenschaftlicher Angreifer und Zerstörer geworden war. Dies führte Freud zu seinem, im Grunde auch heute noch umstrittensten Forschungsvorhaben, zur Untersuchung der menschlichen Triebwünsche und ihrer Verarbeitung, dem Triebschicksal. Darunter verstehen wir die Frage, welche Verarbeitungsweisen ein Mensch im Laufe seiner Entwicklung während Kindheit und Jugend, dann während seines Lebens als Erwachsener für den Sexualtrieb und den Aggressionstrieb jeweils findet.

Die Triebwünsche des Kindes entwickeln sich natürlich nicht isoliert, sondern entfalten und äußern sich in zwischenmenschlichen Beziehungen, in der Familie. Das Triebschicksal ist also ein

Schicksal von Beziehungen, von Familienbeziehungen. Die Triebwünsche eines Kindes richten sich auf andere bedeutsame Menschen, die in der Lage sind oder so wahrgenommen werden, als seien sie zur Erfüllung und Befriedigung der kindlichen Wünsche fähig. So sieht jedenfalls die Perspektive des Kindes aus, das seine Triebwünsche und damit verbundene Ängste auf »Objekte«, in der Regel auf Mutter und Vater, die Geschwister, auf die Familie richtet. Da die Wünsche des Kindes jedoch nur teilweise oder modifiziert oder auch gar nicht befriedigt werden, muß das Kind in jeweils verschiedenem Ausmaß und unter individuell verschiedenen Bedingungen einen Verzicht leisten.

Jedes Kind muß beispielsweise lernen, die Spannung auszuhalten, wach zu werden – die Mutter ist nicht da –, zu weinen, zu rufen, bis die Mutter kommt. Auch solche Verzichtleistungen können traumatischen Charakter annehmen, wenn sie eine Überforderung darstellen, z. B. wenn die Mutter nicht käme und das Kind weinen ließe. Im Grunde sind mit dem Verzichten eine Fülle von Kränkungen verbunden, die erst einmal bewältigt sein wollen. Deshalb sprechen wir auch von Verzicht-»Leistungen«. Sie können gelingen oder mißlingen, und aufgrund dieser Bedingungen der Triebbefriedigung unterliegen die kindlichen Wünsche teilweise oder vollständig der Verdrängung, sie werden unbewußt. Die Inhalte des Unbewußten bestehen aus solchen verdrängten Wünschen, die mehr oder weniger stark zur Erfüllung drängen. Nun werden aber nicht nur die Wünsche selbst verdrängt, sondern auch die Bedingungen, unter denen sie auftreten, Beziehungen, in denen sie geäußert und enttäuscht wurden.

Aus dem geforderten und zu leistenden Triebverzicht können sich völlig gegensätzliche Gefühle wie Liebe und Haß auf ein und dieselbe Elternperson richten. Eine wichtige Quelle psychischer Konflikte, die Ambivalenz, d. h. der Widerstreit gegensätzlicher Gefühle und Wünsche gegenüber einer Person, entwickelt sich daraus. In dem langwierigen Prozeß des Aufwachsens werden die genannten Beziehungen zu »Objekten«, die Objektbeziehungen, Schritt für Schritt verinnerlicht – eine äußerst wichtige und vitale seelische Leistung.

Die »äußeren Objekte«, also die bedeutsamen Menschen der

Umgebung wie Vater, Mutter, Geschwister, werden zu inneren Objekten, sie werden in einem innerseelischen Gefüge vertreten und repräsentiert, es bilden sich sogenannte Objektrepräsentanzen. In diesem Prozeß kommt es nicht nur zu bewußten und unbewußten inneren Bildern von diesen Personen, sondern auch zu einem Bild vom eigenen Selbst und der Beziehung zu diesen Menschen und zwischen ihnen. Vereinfacht gesagt: Ich besitze in mir nicht nur ein Bild von meinem Vater, von mir selbst, von meiner Mutter und meinen Geschwistern, sondern auch ein Bild über meine Beziehung zu ihnen und ein Bild über die Beziehung der Eltern untereinander, usw.

Im Laufe der Entwicklung in Kindheit und Jugend kommt es schließlich zu einer innerseelischen Struktur, zu einer inneren Welt von Repräsentanzen, die aus jenen Bildern des eigenen Selbst und der Menschen besteht, die unsere Entwicklung geprägt haben. Die Farben dieser Bilder wären unseren Gefühlen, den triebhaften Wünschen und Ängsten vergleichbar, während die Bildformen dem Inhalt unserer Erinnerungen und Erfahrungen, Phantasien und Vorstellungen entsprechen. Nüchtern und abstrakt sprechen wir in der Psychoanalyse von Introjekten und introjizierten Objektbeziehungen, was so viel bedeutet wie »das nach innen Hereingenommene«.

Je nachdem, wie konfliktreich oder traumatisch die Bildung der innerseelischen Struktur verlaufen ist, kommt es im Leben des Erwachsenen zur Wiederholung von Beziehungssituationen und Konflikten aus der Kindheit. Im schlimmsten Fall spricht man von Wiederholungszwang. »Was so unverstanden geblieben ist, das kommt wieder; es ruht nicht, wie ein unerlöster Geist, bis es zur Lösung und Erlösung gekommen ist«, schreibt Freud in der »Analyse der Phobie eines fünfjährigen Knaben« über die Tendenz und den Zwang zur Wiederholung (S. 355). Die unbewußte Wiederholung kindlicher Beziehungsformen im Leben des Erwachsenen führt nach psychoanalytischem Verständnis immer wieder zu denselben Schwierigkeiten und Problemen erwachsener Menschen. Auch in der Balint-Gruppe geht es um die Aufgabe, zwanghaft sich Wiederholendes in der Beziehung zwischen Helfer und Hilfesuchendem zu erkennen und bewußt zu machen.

Die Entdeckung der infantilen Sexualität und des Sexualtriebs in seiner Bedeutung für die seelische Entwicklung des Kindes war vielleicht das wichtigste, umwälzendste Ergebnis von Freuds Erforschung des Triebschicksals bei seinen Patienten. In der offenen, von Widerständen freieren psychoanalytischen Situation wurden auf einmal ganz ungeschminkt sexuelle und aggressive Wünsche in aller Klarheit sichtbar, wie man sie in alltäglichen Situationen nur sehr versteckt und indirekt – beispielsweise in Verhaltensweisen und Charakterzügen – zu spüren bekommt. Dabei ist es ein typisches Merkmal psychoanalytischen Forschens, die Wirkung des Sexualtriebs in einem viel umfassenderen Sinn zu verstehen als wir das tun, wenn wir von der biologischen Bedeutung des Wortes ausgehen oder damit ausschließlich die genitale Sexualität des erwachsenen Menschen meinen.

Die Befriedigung oder Enttäuschung von Triebwünschen ist mit Gefühlen verbunden – mit Lust, Freude, Zufriedenheit, Spaß, oder mit Unlust, Ärger, Wut, Beschämung, Schuld, Traurigkeit. Menschliche Gefühle lassen sich also nach Lust- und Unlustgefühlen unterscheiden. Ein Säugling, der Hunger hat, wird seine Unlust durch Schreien äußern und erlebt Lust, sobald sein Bedürfnis befriedigt wird.

Solche frühen kindlichen Erfahrungen hinterlassen im Seelenleben ihre Spuren, und sie können im Erleben des Erwachsenen wiederbelebt werden, besonders dann, wenn der erwachsene Mensch schwer erkrankt und sich in seinem geschwächten Zustand der abhängigen Situation eines hilflosen Kindes wieder annähert. Zu solchen sogenannten Regressionen (lateinisch: regredere – zurückgehen) kommt es beispielsweise relativ oft bei Patienten im Krankenhaus. Ärzte und Schwestern erkennen die regressiven Verfassungen ihrer Patienten selten, und nur zu oft kommt es zu aufreibenden Mißverständnissen und Spannungen.

Durch die Entdeckung der kindlichen Sexualität war es möglich geworden, körperlich-biologische Vorgänge mit seelischen Abläufen in Verbindung zu bringen. Während der aufeinander folgenden Altersabschnitte stehen verschiedene, für die körperlich-seelische Entwicklung höchst wichtige Zonen (Mund, Anus, Genitale) im Mittelpunkt. Wir sprechen von den »psycho-sexuellen« Entwicklungsphasen, ein Begriff, in dem die Verknüpfung und Wechselseitigkeit von körperlichem und seelischem Geschehen zum Ausdruck kommt.

Entwicklungspsychologisch liegt in dem gelingenden oder mißlingenden Zurücklegen der verschiedenen Reifungsschritte, in dem Bewältigen wechselnder Aufgaben und Anforderungen, die aus der inneren und der äußeren Welt stammen, in dem Entdecken neuer Formen von Befriedigung zugleich eine Fülle von möglichen Störungen für die gesunde seelische Entwicklung.

Zahlreiche psychoanalytische Untersuchungen haben wichtige Erkenntnisse über den psychosexuellen Entwicklungsprozeß in Kindheit und Jugend zutage gebracht. Darauf aufbauend wurden im Rahmen der Neurosenlehre recht genaue Vorstellungen über das Zustandekommen einzelner neurotischer und psychosomatischer Erkrankungen entwickelt.

In psychoanalytischer Sicht unterscheidet sich der Sexualtrieb des Menschen grundlegend von dem Instinkt des Tieres. Objekt und Formen der Befriedigung sind nicht festgelegt, sondern veränderlich, der Mensch ist polygam. Der Sexualtrieb ist an körperliche, erogene Zonen gebunden und mit Vorstellungen und Phantasien verknüpft, die ihm eine konkrete individuelle Gestalt geben. Er unterliegt einer langjährigen Entwicklung, die von großer Abhängigkeit zu wachsender Autonomie führt.

Freud geht davon aus, daß der Mensch über einen Triebhaushalt verfügt, der von einer einzigen Triebenergie – der Libido – bestimmt wird. Im Seelenhaushalt eines Menschen reguliert sich die Libido im Wechselspiel mit jenen Spannungen, die auf einen Menschen von innen und von außen zukommen. Die Triebenergie, die libidinösen, lustvollen und aggressiven Impulse, verfügen über eine bestimmte Beweglichkeit und Intensität und es kommt zu einer Art innerseelischem, »triebökonomischem Haushalt«, in dem die wichtigen Beziehungspersonen und das eigene Selbst mit Libido besetzt werden. Weil beispielsweise die Mutter ihrem Kind Nahrung und Sicherheit gibt, wird sie mit Libido besetzt, die sich in einem liebevollen Gefühl für die Mutter zeigt.

Eine von den genannten kindlichen Beziehungskonstellationen, die von einem intensiven Konflikt gekennzeichnet ist, wird in der Psychoanalyse quasi als universell angesehen: der Ödipuskomplex. Der englische Psychoanalytiker J. Sandler beschreibt diesen Konflikt folgendermaßen: »Im wesentlichen geht es um den Wunsch des kleinen Jungen, mit seiner Mutter zu verkehren, sie ganz zu besitzen und den Vater auf irgendeine Weise aus dem Weg zu räumen, keineswegs selten in der Form des Wunsches, daß er sterben möge. Freud zufolge geraten diese Wünsche in Konflikt mit der Liebe zum Vater und weiterhin mit der Angst, daß der Vater ihn abweise oder ihm körperlich Schaden zufüge – insbesondere mit der Angst, der Vater könne sich rächen, indem er ihn am Genitale schädige, der sogenannten Kastrationsangst« (1979, S. 15).

Eine ähnliche Situation ergibt sich für das kleine Mädchen in der Beziehung zur Mutter und zum Vater. Gerade die ödipale Beziehungskonstellation unterliegt in besonderer Weise der Verdrängung und dem Wiederholungszwang, weil sie den vorläufigen Endpunkt einer Entwicklung darstellt, in dem die libidinösen und aggressiven Wünsche in dichtester Form zusammentreffen.

Die Bedeutung des ödipalen Konflikts, des Ödipuskomplexes, wird von Kritikern der Psychoanalyse immer wieder bestritten und lediglich als bedeutsam für ein bürgerliches Milieu zu Beginn dieses Jahrhunderts hingestellt. Ganz gleich, ob der Ödipuskomplex nun universell ist oder nicht, angesichts der vitalen, oft einseitigen und destruktiven Dynamik von Rivalität und Konkurrenz in unserer Kultur kann die unbewußte Bedeutung ödipaler Konflikte kaum überschätzt werden.

Nach traditioneller psychoanalytischer Auffassung bleibt jedoch unberücksichtigt, daß das ödipale Konfliktgeschehen durchaus gegenseitiger und wechselseitiger Natur ist, so wie es im Ödipus-Mythos auch erzählt wird. Der Vater ist also keineswegs frei von Rivalität und Neid gegenüber dem Sohn, der ihm, im Vollbesitz seiner Kräfte, durchaus bedrohlicher Rivale in dem seelischen Szenarium werden kann. Die Mutter ihrerseits muß ihre zärtlich-erotischen Gefühle gegenüber dem Sohn ebenfalls in Grenzen halten, kurzum: Es handelt sich um ein »Drama« mit mehreren Personen, und daran ist auch zu denken, wenn wir von unbewußten ödipalen Konflikten sprechen.

Um Unbewußtes zu verstehen, müssen wir uns vergegenwärtigen, daß das Unbewußte völlig anderen Regeln und einer anderen »Logik« unterliegt als das Bewußte. Das Unbewußte, wie es sich im Traum, in Fehlleistungen, in Phantasien und in Symptombildungen ausdrückt, wird nicht von der Logik der Denkvorgänge und vom Realitätsprinzip geleitet, sondern vom Lustprinzip, von den Triebwünschen. Das Unbewußte kennt keinen Widerspruch und keine Verneinung, die unbewußten Vorgänge sind »zeitlos«, sie sind nicht in einer zeitlichen Reihenfolge geordnet. Die Libido bewegt sich im Unbewußten frei zwischen verschiedenen Vorstellungen oder verdichtet sich auf eine einzige.

Verschiebung und Verdichtung gehören zu den wesentlichen Arbeitsweisen des Unbewußten. Sie führen zu jenen Ausdrucksformen, die wir als entstellt und bizarr, als widerspruchsvoll und paradox, als unverständlich empfinden. In einem Zustand der Regression, wie im Traum, im Schlaf, in einer geschwächten Verfassung oder in bestimmten Zustandsformen seelischer Erkrankung werden uns die Inhalte des Unbewußten deutlich, freilich auch dann nur in entstellter Form. Denn zwischen Bewußtem und Unbewußtem gibt es einen Bereich dazwischen, das Vorbewußte, in dem eine psychische Abwehrschranke darüber wacht, welche Vorstellungen und Affekte in das Bewußtsein gelangen dürfen und welche nicht.

1923 veröffentlichte Freud seine Arbeit »Das Ich und das Es«, in der er das »topische« Modell von der menschlichen Psyche (topos, griechisch – der Ort), das die Lage eines seelischen Vorgangs nach bewußt, vorbewußt und unbewußt unterscheidet, weiterentwickelt. Wiederum gaben die Beobachtungen in der Arbeit mit Patienten den Ausschlag. Vor allem waren es solche Äußerungen von Patienten, die Freud als Ausdruck unbewußter Schuldgefühle verstand und die ihn dazu führten, das Strukturmodell mit seinen verschiedenen psychischen Instanzen zu entwickeln und mit dem topischen Modell zu verbinden. Daraus entstand die heute weithin bekannte Vorstellung von der Psyche als einem Funktionsgeschehen, einem »psychischen Apparat«, mit drei verschiedenen Instanzen: dem Es, dem Ich und dem Über-Ich.

Spätestens an dieser Stelle könnte der Leser zu der Auffassung kommen, die Psychoanalyse sei ein Teilgebiet der Newtonschen Mechanik und habe von daher ihr Bild vom menschlichen Seelenleben als ein mechanisches Funktionieren von Teilen übernommen. Lediglich die Not des Abstrahierens führt zu so nüchternen Begriffen wie dem des »seelischen Apparates«. Der »seelische Apparat« ist an sich ein Phantom. Er ist nicht nur unsichtbar, sondern existiert lediglich als eine Hilfskonstruktion der Theorie, um einzelne Erscheinungen des Seelenlebens zusammenzufassen, die in Wirklichkeit höchst lebendig und individuell, vielfältig und schwer zu erkennen sind. Tatsächlich greifen Ich, Es und Über-Ich ineinander über, sind untrennbar miteinander verbunden und bilden ein spannungsvolles Ganzes.

Das Es wird als der psychische Bereich betrachtet, der die elementaren und einfachsten Triebregungen in ihrer ererbten und konstitutionellen Verfassung beinhaltet und dem Lustprinzip folgt. Erst in einer längeren Entwicklung, in der Auseinandersetzung mit der Umwelt, wird das Es in Teilen zum Ich verwandelt. Die anderen psychischen Instanzen beziehen gleichsam aus dem Es ihre Energie.

Die Hauptaufgabe des Ich liegt in der Selbsterhaltung und im Erwerb von Mitteln und Fähigkeiten, um die Triebwünsche mit den Forderungen der äußeren Realität in Einklang zu bringen – eine spannungsreiche Aufgabe, die verschiedene Formen des Aufschubs und der Selbstkontrolle erfordert. Im Bewältigen der widersprüchlichen Anforderungen von Wunsch und Wirklichkeit findet das Ich zu den kompliziertesten Kompromißleistungen, an denen die Abwehrmechanismen maßgeblich beteiligt sind. Mit Kompromiß sind hier im umfassenden Sinn jene relativ dauerhaften Anpassungsleistungen und -fähigkeiten des Ichs gemeint, die zur individuellen Persönlichkeit und zum Charakter eines Menschen geführt haben.

Von Psychoanalyse-Kritikern wird Anpassung häufig als ein passives Sicheinfügen in die herrschenden Verhältnisse mißverstanden. Im Gegenteil wird in der Psychoanalyse Anpassung als eine aktive und kreativ-gestaltende, lebensnotwendige Fähigkeit aufgefaßt, um auf die eigene Lebenssituation in selbstverantwortlicher Weise Einfluß nehmen zu können. Mißlingen solche Anpassungs- und Ich-Leistungen nachhaltig oder finden sie überhaupt nicht statt, so kommt es aller Voraussicht nach zu psychoneurotischen oder psychosomatischen Erkrankungen.

Die dritte Instanz, das Über-Ich, entwickelt sich als eine Art Niederschlag früher Erfahrungen und Konflikte des Kindes mit seinen Eltern und anderen Autoritätspersonen, in denen es um die Versagung und Gewährung, um Erlaubnis oder Verbot von Wünschen ging, oder das Kind sich mit den Eltern als idealen, mächtigen Personen identifizierte. Das Über-Ich ist Träger des Gewissens, auch seiner unbewußten Teile, wie überhaupt das Unbewußte alle drei psychischen Bereiche umfaßt.

Seelische Vorgänge können also daraufhin untersucht werden, ob sie überwiegend dem Es, dem Ich oder dem Über-Ich entstammen und/oder ob sie bewußt oder unbewußter Natur sind. Das topische Modell (bewußt/unbewußt), das Strukturmodell (Ich, Es, Über-Ich) und das triebökonomisch-genetische Konzept gehören zusammen und führen zu einer Komplexität, mit der viele psychische Vorgänge erklärbar werden.

Anna Freud, Heinz Hartmann und in ihrer Folge die Ich-Psychologie haben die Bedeutung des Ich ausführlich untersucht. In ihrer grundlegenden, sehr verständlich dargestellten Studie »Das Ich und die Abwehrmechanismen« beschreibt Anna Freud die wichtigsten Abwehrvorgänge.

Die Abwehrmechanismen übernehmen die Aufgabe, das bewußte Erleben von ängstigenden Konflikten freizuhalten. Meist handelt es sich um schmerzliche, peinliche, gesellschaftlich unerlaubte oder tabuierte, oft um sexuelle oder aggressive Inhalte, die in einem Konflikt mit bewußten Einstellungen und Wertvorstellungen stehen und deshalb der Verdrängung und Abwehr unterliegen. Die Abwehrvorgänge, die alle eine Aktivität des Ich bilden, schützen also sowohl vor inneren Triebimpulsen, die als bedrohlich wahrgenommen werden, als auch vor Gefahren aus der Außenwelt. Deshalb unterscheidet A. Freud zwischen einer Abwehr von Triebwünschen aus Angst vor dem strafenden Über-Ich oder aufgrund einer realen Angst und Bedrohung und einer Abwehr aus Angst vor der Triebstärke.

Entsprechend verhält es sich für die Abwehr von Gefühlen und Affekten. »Bei einer Zurückweisung der Triebansprüche ist es immer seine nächste Aufgabe, sich mit diesen Affekten auseinanderzusetzen. Liebe, Sehnsucht, Eifersucht, Kränkung, Schmerz und Trauer als Begleitung der sexuellen Wünsche, Haß, Zorn und Wut als Begleiter der aggressiven, müssen sich, wenn der Triebanspruch, dem sie zugehören, abgewehrt wird, vom Ich Bewältigungsversuche aller Art, d. h. Verwandlungen gefallen lassen« (S. 27).

Die Abwehrleistungen des Ich müssen nicht in jedem Fall krankmachend sein, sondern sie können im Dienst seelischer Gesundheit wie Krankheit stehen. Wie lange bestimmte Abwehrvorgänge anhalten, ob eine Abwehrform ständig gebraucht wird oder nicht, das Ausmaß und der Inhalt dessen, was abgewehrt werden muß, spielen bei der Frage, ob krank oder gesund, wahrscheinlich eine wesentliche Rolle.

Den grundlegenden Abwehrvorgang der Verdrängung habe ich schon beschrieben und stellvertretend für zahlreiche unterschiedliche Abwehrformen möchte ich hier zwei weitere, sehr verbreitete Mechanismen darstellen: die Projektion und das Agieren.

Projecere heißt, wörtlich aus dem Lateinischen übersetzt, so viel wie hinauswerfen, hinausjagen, verbannen. Tatsächlich handelt es sich bei dem seelischen Vorgang der Projektion immer um ein Hinauswerfen, um ein Verjagen und Verbannen von inneren, unerträglich scheinenden Regungen und Impulsen nach außen. Ein alltägliches Beispiel bietet die übersteigerte Eifersucht. In einer projektiven Übertreibung verteidigt sich der Eifersüchtige gegen eigene Wünsche und Ängste, die ihm unbewußt sind. Einmal kann er in seiner Eifersucht die Angst verlassen zu werden »bewältigen«, aber auch den aktiven Wunsch von sich fernhalten, selbst untreu zu werden und fremd zu gehen.

Die Projektion entlastet das Ich von Wünschen und Ängsten, die es vermeiden will. Zugleich wird der Betreffende dadurch auch »ärmer«, die projezierten Gefühle sind draußen, nicht mehr Besitz seines Ich. Vor allem bei der Abwehr von Aggressionen spielt die Projektion eine bedeutende Rolle. Auch hier wird das Geschehen von innen auf einen Schauplatz nach außen verlegt. Das ursprüngliche Gefühl »Ich hasse Dich« verwandelt sich: »Er haßt (und verfolgt) mich« – »deshalb darf und muß ich ihn hassen«. Die Projektion, das, was vom Ich herausgeworfen wird, bleibt im Erleben ein Produkt und Teil des Ich. Daher rührt der verfolgende, paranoide Einschlag von Projektionen.

Die Episode aus einer analytischen Selbsterfahrungsgruppe verdeutlicht diesen verfolgenden Charakter der Projektion. Der Teilnehmer, ein gutaussehender, lässig gekleideter junger Mann mit schwarzem Hut, schildert in wenigen Worten folgende Situation aus seiner Selbsterfahrungsgruppe, in der es zu einer starken Polarisierung zwischen Männern und Frauen kam. »Die Frauen machten mich zu einem typischen Chauvinisten. Ich kann mich da bewegen und verhalten wie ich will, ich komme von diesem Bild nicht weg. Die Vorstellungen der Frauen verfolgen mich wie ein Scheinwerferkegel, dem ich nicht entkommen kann.« Mit dem Bild des Scheinwerferkegels, der sein beleuchtetes Objekt nicht ausläßt, hatte der Teilnehmer treffend die zwingende Kraft der Projektion aus der Sicht dessen geschildert, auf den projiziert wird.

Bei der Abwehrform des Agierens (lateinisch: agere – bewegen, fortführen, tun, ausführen) geht es um eine unbewußte Form des Handelns, um ein »Fortführen und Ausführen«, um ein Wiederholen früherer, ungelöster Konflikte aus der Kindheit in der Gegenwart. In dem zitierten Beispiel des jungen Mannes, der sich wegen ständig wiederkehrenden Liebeskummers in analytische Behandlung begab, handelte es sich um ein Agieren unbewußter Konflikte. In seiner gegenwärtigen Lebenssituation wird der Patient entweder von seiner Freundin verlassen oder er trennt sich selbst. Ohne sich dessen bewußt zu sein, stellt er immer wieder die ungelöste traumatische Erfahrung aus seiner Kindheit, die Trennung seiner Eltern, in der Gegenwart dar – in Gestalt seiner unglücklichen, von Trennung gekennzeichneten Liebesbeziehungen. Erst als es in der Analyse gelingt, die Erlebnisse von früher und die schmerzlichen Gefühle, die damit verbunden waren, zu erinnern, läßt der Druck nach, die alten Konflikte auszuagieren. Der Widerstand richtet sich also beim Agieren vor allem gegen das Erinnern.

Mit Agieren ist eine recht genau umschriebene, unbewußt ablaufende Konfliktverarbeitung und Abwehr gemeint, die von bewußten Formen des Handelns zu unterscheiden ist. Trotzdem drängt sich die Vermutung auf, daß es in einem allgemeinen

Klima des Aktivismus gerade auch im helfenden Beruf besonders häufig zum Agieren des Hilfesuchenden und zum Mitagieren des Helfers kommt. Es muß immer und sofort etwas getan, es muß gehandelt werden. Ob es sich dabei um einen Fortschritt im Sinne zukunftsfähiger Lösungen und Schwierigkeiten handelt oder ob sich dabei unbemerkt die alten »Lösungen und Hilfsmittel« wiederholen, kann unter dem allgemeinen Zwang zum Handeln nicht mehr geprüft werden.

Allem Abwehrverhalten ist gemeinsam, daß es unbewußt abläuft, und in der Balint-Gruppenarbeit spielt das Entdecken solcher Abwehrformen eine wichtige Rolle, es ist praktisch eine Vorarbeit für das Verstehen unbewußter Konflikte. Lockert sich einmal die beschriebene Abwehrhaltung, was gelegentlich auch in Alltagssituationen passiert, kommt es zu den merkwürdigsten, oft witzigsten Fehlleistungen, deren Komik in einem Vermischen und Verwechseln bewußter Absichten mit unbewußten Wünschen liegen kann. Da macht der Redner in einem feierlichen Festvortrag den »genialen Künstler« zum »genitalen Künstler« oder anstelle von »Supervisionsgruppen« kündigt der Professor in seiner Psychoanalyse-Vorlesung »Subversionsgruppen« für Studenten an, und die »Midlife-Crisis« wird, im Ringen um die passende Übersetzung ins Deutsche, zur »Lebensmittel-Krise«.

Komisch verlief ausnahmsweise auch der Besuch beim Zahnarzt, als er seine attraktive Helferin beim Abnehmen eines Abdrucks statt um die »Matritze« um eine »Matratze« bat. Schließlich löste sich die ernsthafteste Rundfunk-Diskussion mit katholischen Geistlichen über die Frage des Zölibats durch eine Fehlleistung in Gelächter auf, als ein Pfarrer abschließend aus dem »ehelosen Priesteramt« das »priesterlose Eheamt« machte.

Brechen wir hier die Skizze vom psychoanalytischen Verständnis des Unbewußten und seiner Wirkungsweise ab. Sie bleibt unvollständig. Wichtige neuere Ergebnisse psychoanalytischer Forschung fehlen ebenso wie eine Auseinandersetzung mit den bahnbrechenden Erkenntnissen und Vorgehensweisen der Familientherapie. Für unser Vorhaben, die Balint-Gruppenmethode darzustellen, wollte ich den psychoanalytischen Hintergrund aufzeigen und deutlich machen, daß ein psychoanalytisches Verstehen seelischer Vorgänge und Erkrankungen an ein Beziehungsverständnis, an ein Beziehungsdenken geknüpft ist.

Das individuell erscheinende Symptom, die Störung, gilt als Ausdruck eines inneren Konflikts, der das Ergebnis einer zwischenmenschlichen Beziehung ist oder war. Die symbolische Sprache der Symptome zu entziffern und in verbale Sprache zu übersetzen, ist ein Anliegen der Balint-Gruppenarbeit. Der ursprüngliche Text dieser Symptomsprache ist unbewußt und muß in die Beziehung übersetzt werden. Erst dann erhält er eine Bedeutung und die Chance, sich als aktueller Konflikt darzustellen. Das Hier und Jetzt dieser aktuellen Beziehung wird in der analytischen Situation als ein Dort und Damals, als Übertragung und Gegenübertragung verstanden.

Übertragung und Gegenübertragung

Für die psychoanalytische Methode wesentlich und für ihre Entdeckungen unverzichtbare Voraussetzung ist das Verständnis zwischenmenschlicher Beziehungen als Übertragung und Gegenübertragung. Ein Ziel der Balint-Gruppenarbeit liegt darin, die unbewußte Dynamik und Bedeutung der Beziehung zwischen Arzt und Patient, zwischen Helfer und Hilfesuchendem zu erkennen und für die therapeutische Arbeit zu nutzen. Das unbewußte Geschehen einer Beziehung erschließt sich jedoch erst, wenn es als Übertragungs- und Gegenübertragungsgeschehen erkannt wird.

Was sind Übertragungen? Freud spricht in seiner Arbeit »Bruchstück einer Hysterie-Analyse« von unbewußten Gedankenbildungen, die sich während der analytischen Behandlung entwickeln und »welchen man den Namen Übertragungen verleihen kann ... Es sind Neuauflagen, Nachbildungen von den Regungen und Phantasien, die während des Vordringens der Analyse erweckt und bewußt gemacht werden sollen, mit ... einer charakteristischen Ersetzung einer früheren Person durch die Person des Arztes. Um es anders zu sagen: Eine ganze Reihe früherer psychischer Erlebnisse wird nicht als vergangen, sondern als aktuelle Beziehung zur Person des Arztes wieder lebendig. Es gibt solche Übertragungen, die sich im Inhalt von ihrem Vorbild in gar nichts bis auf die Ersetzung unterscheiden« (S. 280).

Mit dem Begriff Übertragung sollen also die Vorgänge menschlicher Kommunikation bezeichnet werden, in denen unbewußte Wünsche und Ängste, die aus einer zurückliegenden Beziehung rühren, in einer Beziehung der Gegenwart aktuell werden. Dabei handelt es sich wesentlich um die Wiederholung von Beziehungsformen aus der Kindheit mit einer entsprechenden inneren Festlegung, einer Fixierung auf diesen Typ von Beziehung. Die psychoanalytische Situation ermöglicht in hohem Maße die Wiederbelebung dieser Konstellation und nutzt sie für den Fortgang der Analyse. Doch wie kommen Übertragungen zustande? Und woran sind sie überhaupt zu erkennen?

Die Übertragung kann zunächst als ein regressiver Vorgang im Ich verstanden werden. Mit Regression ist die Rückkehr zu einer früheren psychischen Entwicklungsstufe und ihren entsprechenden Erlebnis- und Denkformen gemeint, erst diese Verfassung des Ich bringt wichtige Daten der Vergangenheit zutage. Die psychoanalytische Situation begünstigt das Auftreten der Regression und die darauf folgenden Übertragungen. Der Analytiker hält sich zurück, er gibt keine Ratschläge und nimmt selten direkt Stellung, er bleibt »abstinent«. Indem er Informationen über sich und seine Realität, über seine private Lebenssituation weitgehend zurückhält, wird der Patient auf seine innerseelische Welt, auf seine Wünsche und Ängste, Gefühle und Phantasien verwiesen.

Freilich soll die Regression auf eine frühere Entwicklungsstufe nicht vollständig und irreversibel sein, da sonst wichtige Funktionen des erwachsenen Ichs, wie die Selbstkontrolle und Selbstbeobachtung, verloren gingen. Balint kam zu der Auffassung, daß die regressiven Bewegungen, das Zurückgehen in die eigene Vergangenheit, eine notwendige Voraussetzung für die Befreiung vom neurotisch fixierten Wiederholungszwang und für einen »Neubeginn« sind. Er unterscheidet deshalb zwischen einer gutartigen Form der Regression, die zu diesem Neubeginn führt, und einer schädigenden Regression, die der Befriedigung infantiler Wünsche, die dem Verharren in der Vergangenheit und dem Widerstand gegen eine zukunftsbezogene, konstruktive Entwicklung dient.

Freud entdeckte die Übertragung, als er die Technik des freien Assoziierens anwandte – eine Technik, die auch für die Balint-Gruppe wichtig wird. Er forderte seine Patienten auf, ja verpflichtete sie, ihm alles mitzuteilen, was ihnen in den Sinn kam, sei es schmerzlich, peinlich, ängstigend oder einfach unsinnig. Vereinfacht gesagt: Mit der Technik des freien Assoziierens sollte die vorausgegangene Trennung zwischen Bewußt und Unbewußt aufgehoben und rückgängig gemacht werden. Durch den deutenden Umgang mit den assoziativen Einfällen und Vorstellungen des Patienten sollte eine Verknüpfung zwischen gegenwärtiger Erkrankung und vergangenen, verdrängten Erlebnissen entstehen.

Als Freud diese Technik, die er in seiner Arbeit »Erinnern, Wiederholen, Durcharbeiten« beschreibt, anwandte, bemerkte er, daß sich die Einstellung des Patienten zum Analytiker veränderte und zeitweilig von intensiven Gefühlen und Wünschen geprägt war, die der Situation selbst nicht entsprachen, ihr nicht »angemessen« waren. Die Patienten schrecken davor zurück, ihre oft als peinlich oder schmerzlich erlebten Gefühle und Vorstellungen, die während der Analyse bewußt werden, auf die Person des Analytikers zu richten. Doch kommt es nach einem Überwinden der Widerstände schließlich zu einer Art »falscher Verknüpfung« zwischen dem Analytiker und einem bedeutsamen Menschen aus der Kindheit.

Diese »falsche Verknüpfung«, die Übertragung, hat zur Folge, daß wir die Krankheit des Patienten nicht »als eine historische Angelegenheit, sondern als eine aktuelle Macht zu behandeln haben. Stück für Stück dieses Krankseins wird nun in den Horizont und in den Wirkungsbereich der Kur gerückt, und während der Kranke es als etwas Reales und Aktuelles erlebt, haben wir daran die therapeutische Arbeit zu leisten, die zum guten Teile in der Zurückführung auf die Vergangenheit besteht« (1914, S. 131).

Die Fähigkeit zu erinnern wird zum wichtigsten Therapeutikum dieser Kur und ist zugleich von heftigstem Widerstand gefährdet. Deshalb ist die Analyse des Widerstands, also der Abwehrvorgänge, so bedeutsam und aufgrund ihrer Hartnäckigkeit ist viel Zeit erforderlich, um sich mit ihnen auseinanderzusetzen: eine beschwerliche Aufgabe für den Patienten und eine Geduldsprobe für den Therapeuten, die dafür jedoch die größte verändernde Wirkung verspreche; und Freud bezeichnet es als »Triumph der Kur, wenn es gelingt, etwas durch die Erinnerungsarbeit zu erledigen, was der Patient durch eine Aktion abführen möchte ... Das Hauptmittel aber, den Wiederholungszwang des Patienten zu bändigen und ihn zu einem Motiv für's Erinnern umzuschaffen, liegt in der Handhabung der Übertragung« (S. 134).

Die Übertragungsbeziehung wird zu dem Ort, an dem sich die Neurose in eine Übertragungsneurose verwandelt, d. h., die Symptome erhalten eine Übertragungsbedeutung, die dem analytischen Verständnis zugänglich wird. Das Analysieren der Übertragung, einer Art Zwischenreich von Krankheit und Gesundheit, wird zum grundlegenden Bestandteil der analytischen Behandlung, zu ihrer »stärksten Triebfeder«.

Die Übertragung wird dadurch gefördert, daß sich der Psychoanalytiker in der Behandlungssituation weitgehend zurücknimmt. Der Patient liegt auf einer Couch, während der Analytiker hinter ihm sitzt. Der Patient sieht seinen Therapeuten also nicht, und damit werden wichtige Formen der Realitätsprüfung abgeschwächt oder vorübergehend außer Kraft gesetzt. Der Analytiker nimmt auch nicht die Rolle an, die ihm in der Übertragungshaltung zugedacht wird, er enthält sich jeder Form von Wunscherfüllung, wie sie der Kranke in seinen Übertragungsvorstellungen und Phantasien auf ihn richtet. Dadurch werden Übertragungen – im gelungenen Fall – als solche erkennbar. Trotzdem bleibt die schwierige Frage zu beantworten, wie oder woran eine Übertragung eigentlich zu erkennen ist.

Der amerikanische Psychoanalytiker R. Greenson schreibt dazu: »Übertragung bedeutet das Erleben von Gefühlen, Triebregungen, Haltungen, Phantasien und Abwehrmechanismen gegenüber einem Menschen in der Gegenwart, die der gegenwärtigen Beziehung zu dieser Person unangemessen sind und eine Wiederholung, eine Verschiebung von Reaktionen darstellen,

41

die von wichtigen Personen der frühen Kindheit herrühren. Ich hebe hervor, daß für eine Reaktion, die als Übertragung angesehen werden soll, zwei Charakteristika erfüllt sein müssen: sie muß Vergangenes wiederholen und sie muß der Gegenwart unangemessen sein« (S. 82). Gehen wir von dieser Definition aus, müssen wir fragen, wie sich denn jeweils herausfinden läßt, was angemessen und was unangemessen ist.

Woran läßt sich erkennen, ob eine Verhaltensweise Vergangenes wiederholt oder nicht? Was als angemessen und was als unangemessen gilt, kann ja auch davon abhängig sein, worauf sich Analytiker und Patient einigen. In der Praxis sieht es so aus, daß durch die neutrale Haltung des Analytikers, durch seine Zurückhaltung und Abstinenz, tatsächlich alle die Regungen, Gefühle, Vorstellungen und Verhaltensweisen, die der Patient einbringt, deutlicher und plastischer hervortreten als in einer Alltagssituation.

So wie die Farben auf einem weißen Grund heben sich die Übertragungshaltungen ab und fallen in ihrer Übertreibung oder Einseitigkeit, in ihrer Starrheit und Rigidität, in ihrer Wiederholung, kurz: in ihrer Unangemessenheit, auf. Um ein einfaches Beispiel zu wählen: Wenn sich die Patientin in ihren Analytiker verliebt und von seinem jugendlichen Aussehen schwärmt, obwohl er sich bereits im fortgeschrittenen Alter von über 60 Jahren befindet, und andererseits dieses Gefühl keineswegs aktiv erwidert wird, so handelt es sich aller Wahrscheinlichkeit nach um eine Übertragungsreaktion, die es entsprechend zu verstehen und zu deuten gilt. Die Übertragung wird auch dadurch erkennbar, daß die Realitätsprüfung des Patienten immer wieder einsetzt und so die Verkennung, die in der Übertragung stattfindet, korrigiert werden kann. So ist durchaus – beispielsweise zu Anfang und zum Schluß einer Analysestunde – zu sehen, daß der Analytiker eben nicht mehr so jung ist, wie ihn die Patientin in ihrem Übertragungswunsch sehen wollte.

Zur Frage, woran die Wiederholung von Vergangenem in der Übertragung sichtbar wird, läßt sich sagen, daß sie jeweils aus den biographischen Informationen, die im Verlauf der Analyse immer differenzierter zutagetreten und aus der gegenwärtigen Situation beantwortet werden muß, was in der Praxis oft außerordentlich schwierig ist. Die besondere Gestalt und Eigenart einer Übertragungsbeziehung geht schließlich aus der Person, aus ihrer Lebensgeschichte und aus ihrer besonderen neurotischen Erkrankung hervor. Hat sich das frühere, krankmachende Beziehungsmuster in seiner Dynamik zum Therapeuten erst einmal etabliert und entfaltet, sprechen wir von einer Übertragungsneurose. Je nach der Art des Gefühls, das die Übertragung bestimmt, handelt es sich um eine positive oder um eine negative Übertragung.

Auch in anderen, nicht-analytischen Beziehungssituationen kommt es zu Übertragungen und zu der damit verbundenen Regression, speziell dann, wenn es sich um eine Beziehung handelt, in der die Abhängigkeit ähnlich ist wie in einer Eltern-Kind-Beziehung. Der Tendenz nach ist das zwischen Helfer und Hilfesuchendem der Fall. Die Beziehungen zwischen Helfer und Hilfsbedürftigem bieten sich generell dazu an, Übertragungs- und Gegenübertragungshaltungen auszubilden. Allerdings sind die Übertragungsphänomene in alltäglicheren Beziehungen schwerer zu entdecken und zu deuten als in der analytischen Situation. Denn woran will man das Unangemessene und die Wiederholung von Vergangenem, die beiden wichtigen Kriterien einer Übertragung, erkennen?

Die Unangemessenheit eines Verhaltens kann im Alltag zunächst einmal völlig unbemerkt bleiben oder sie wird von anderen Personen aufgegriffen und korrigiert, indem sie sich gegen die unangemessene Reaktion oder ein entsprechendes Verhalten wehren. Denkbar ist auch, wie es der Paar-Therapeut Jörg Willi beschrieben hat, daß in einer Zweierbeziehung jeder von beiden die ihm in der Übertragung zugedachte Rolle annimmt, und es kommt erst nach längerer Zeit zu einer ernsthaften Störung der Beziehung.

In der Balint-Gruppe geht es besonders darum, die unbewußten Anteile in solchen nicht-analytischen Beziehungen, wie zwischen Helfer und Hilfesuchendem, zu entdecken. Die Balint-Gruppe stellt das Studium der Gegenübertragung in den Mittelpunkt und dadurch können Übertragungshaltungen auch in alltäglichen, helfenden Beziehungen erkannt werden.

Da die psychoanalytische Situation als eine Beziehungssituation verstanden wird, gehört zu der Übertragung das komplementäre Gegenstück, die Gegenübertragung. Die Auffassungen und Definitionen der Gegenübertragung sind äußerst verschiedenartig, und noch stärker als beim Begriff der Übertragung ist hier ein historischer Bedeutungswandel festzustellen.

Freud spricht im Zusammenhang einiger Neuerungen in der Behandlungstechnik erstmals von der Gegenübertragung. »Wir sind auf die Gegenübertragung aufmerksam geworden, die sich beim Arzt durch den Einfluß des Patienten auf das unbewußte Fühlen des Arztes einstellt, und sind nicht weit davon, die Forderung zu erheben, daß der Arzt diese Gegenübertragung in sich erkennen und bewältigen müsse. Wir haben ... bemerkt, daß jeder Psychoanalytiker nur so weit kommt, als seine eigenen Komplexe und inneren Widerstände es gestatten« (1910, S. 108). Die Gegenübertragung wurde also zunächst als Hindernis und Beeinträchtigung, als persönliche Begrenzung der analytischen Behandlungssituation angesehen – ein Hindernis, vor dem sich der Analytiker durch seine Lehranalyse und durch ständige Selbstanalyse schützen könne.

Erst einige Jahrzehnte später wurde die Gegenübertragung als ein wichtiges Erkenntnisinstrument der analytischen Behandlung und des Unbewußten angesehen. Einmal sind damit alle Gefühle und Vorstellungen gemeint, die der Analytiker in der Beziehung zu seinem Patienten und als Reaktion auf ihn in seinem Unbewußten wahrnimmt. Praktisch stellt sich dadurch ein Verständnis von Unbewußtem zu Unbewußtem her. Der Patient weckt im Unbewußten des Analytikers Reaktionen, die er für sein Verständnis der Übertragungssituation nutzen kann, wenn er sie systematisch beobachtet und wahrnimmt. Gelingt es, die Gegenübertragung wahrzunehmen und sie als Antwort auf die Übertragung zu verstehen, kann sich dadurch das Verständnis insgesamt entscheidend vergrößern.

Die Gegenübertragung – verstanden als eine Reaktion auf die Übertragung des Patienten – sieht natürlich jeweils völlig verschieden aus, je nach der Art der Übertragung. Bleiben wir bei dem vorhin angeführten Beispiel. Die junge Frau schwärmt in ihrer Analyse von der jugendlichen Ausstrahlung und dem Aussehen des Analytikers, der jedoch bei genauem Hinsehen keineswegs mehr jugendlich ist und die sechzig bereits überschritten hat. In seiner Gegenübertragung reagiert der Analytiker geschmeichelt, nimmt erotische Gefühle und Empfindungen wahr und hat die Phantasie, die Patientin zu verführen. In der weiteren Analyse zeigt sich nun, daß die Gegenübertragungsgefühle und Vorstellungen des Analytikers die reaktive Antwort auf eine Vaterübertragung der Patientin sind. Die Gegenübertragung des Analytikers entspricht also einer früheren Person, dem Vater der Patientin.

Anders würde es sich verhalten, wenn die Patientin ihrem Analytiker einerseits bewundernde, verliebte Gefühle entgegenbringt und ihn dann mit Vorwürfen überschüttet, weil er ihre Gefühle nicht erwidert. Der Analytiker nimmt nun in seiner Gegenübertragung ein unangenehmes, beengendes Gefühl wahr, er fühlt sich unter Druck gesetzt und fragt sich, ob er etwas falsch gemacht hat; ihn plagt die Phantasie, seine Patientin wolle ihn wegen unmenschlicher, liebloser Behandlung vor Gericht verklagen. Versteht der Analytiker seine Phantasien und Befürchtungen als Gegenübertragung, so kommt er zu dem Ergebnis, daß die Patientin ihre Schuldgefühle wegen ihrer Verliebtheit in die väterliche Person auf den Analytiker übertragen hat, der diese Schuldgefühle in seiner Reaktion wiederfindet.

Die »Bewältigung der Gegenübertragung« überschreibt Sandor Ferenczi, die Formulierung Freuds aufgreifend, seine vielbeachtete Arbeit zu diesem Thema. Er meint damit die Schwierigkeit, sich dem eigenen Unbewußten zu überlassen, sich nicht gegen die eigene Gegenübertragung zu wehren und zu widersetzen, sondern sie bewußt wahrzunehmen und zu akzeptieren, diese Reaktionen zu kontrollieren, sie logisch zu prüfen und damit das Unbewußte des Patienten zu erschließen. Dazu sei die komplexe Fähigkeit erforderlich, sich innerlich zwischen dem freien Spiel der Phantasie und ihrer kritischen Prüfung wechselweise bewegen zu können.

Ähnlich wie bei der Übertragung taucht die Frage auf, woran Gegenübertragungen zu erkennen sind und wie sie sich von einer Übertragung des Analytikers auf seinen Patienten unterscheiden. Denn es ist ja durchaus denkbar, daß der Analytiker auch nach einer langjährigen eigenen Analyse und Ausbildung seinen

Analysanden unbewußt als eine Person aus seiner kindlichen Welt erlebt.

Zunächst dient die eigene Analyse mit den darin erworbenen Möglichkeiten der Selbstbeobachtung und Selbsterkenntnis dazu, zwischen einer Übertragung und einer Gegenübertragung, also den Reaktionen, Vorstellungen und Gefühlen, die der Patient beim Analytiker hervorruft, zu unterscheiden. Außerdem dient die genannte wohlwollend neutrale Haltung als einer professionellen Einstellung gegenüber dem Patienten dazu, bei sich selbst genauer beobachten und erkennen zu können, was der Patient mit seinem Analytiker »macht«, was er bei ihm bewirkt, welche Gefühle er auslöst oder auszulösen versucht. Der Analytiker stellt sich in diesem Prozeß, so könnten wir sagen, mit seiner Person als Instrument zur Verfügung, vergleichbar dem Klangkörper eines Musikinstrumentes. Er läßt sich in dieser Eigenschaft benutzen und nutzt sich selbst dazu, um die innere, unbewußte Welt seines Patienten zu erfassen.

Wie verhält sich nun die Situation für die Teilnehmer einer Balint-Gruppe, die in der Regel nicht über eigene analytische Erfahrung verfügen und in einer völlig anderen Situation als der Analytiker stehen? Wie sollten sie Gegenübertragungsreaktionen bei sich erkennen? Tatsächlich handelt es sich um die schwierige Aufgabe der Balint-Gruppe, sich selbst als Instrument der Wahrnehmung im genannten Sinn zu trainieren. Zu beobachten ist, daß sich mit fortschreitendem Training eine Unterscheidungsfähigkeit für Gegenübertragungen und eigene Übertragungen entwickelt, obwohl die Grenze oft schwer zu entdecken ist. Denn nicht selten werden in der Balint-Gruppe gerade solche Fallbeispiele eingebracht, in denen der Berichtende insofern »aktiv« beteiligt und verstrickt ist, als er selbst mit ähnlichen, denen der Patienten verwandten Konflikten innerlich befaßt ist.

Im Verlauf einer Balint-Gruppe mit Medizinstudenten, wie sie Rehberger schildert, wurde beispielsweise deutlich spürbar, daß sich die Studenten im Umgang mit Patienten vor allem inkompetent erlebten und starke Selbstzweifel an ihrer Arbeit hegten. Dieses Erleben konnte sowohl als Gegenübertragung auf die Patienten verstanden werden, die ihre verdeckte Aggressivität und abgewehrte Hilflosigkeit nicht offen ausdrücken und zeigen konnten, sie indirekt aber durch ihre Klagsamkeit umso stärker mitteilten. Die Studenten, die ihrerseits die Bedeutung eigener Unerfahrenheit im Umgang mit Patienten überschätzten, identifizierten sich unbewußt mit den Patienten.

Ein anderes Beispiel aus dem Krankenhaus kann zeigen, worum es bei einer Gegenübertragungsreaktion geht. Innerhalb kurzer Zeit ruft der Patient jeweils wegen geringfügiger Anliegen zum fünften oder sechsten Mal während eines Abends nach der Schwester, die daraufhin zunehmend nervös und gereizt reagiert. Die Schwester fühlt sich letztlich selbst hilflos, weil sie nicht weiß, was der Patient von ihr will. Erst als sie ihre eigene Befindlichkeit, ihre eigene Ungeduld und Hilflosigkeit als typische Reaktion auf den Kranken begreift, kommt sie zu einem neuen Verständnis und sieht seine Situation in einem anderen Licht. Jetzt stellt sie eine Verbindung zwischen dem häufigen Klingeln und der bevorstehenden Operation am nächsten Tag her. Sie fragt ihren Patienten, wie er sich am Vorabend der Operation fühle, und ein offenes, kurzes Gespräch schließt sich an; die Situation ist spürbar entspannter.

Ein wichtiger und schwieriger Lernschritt ist in der Balint-Gruppe schon erreicht, wenn die Beteiligten sehen können, daß eigene Gefühle, Vorstellungen und Verhaltensweisen in dem Sinn keine »eigenen« sind, als sie Gegenübertragungsreaktionen darstellen und von einem anderen Menschen hervorgerufen und ausgelöst wurden, um eine unbewußte Übertragungssituation herzustellen. Eine praktische Regel zur Unterscheidung einer Gegenübertragungsreaktion von einer eigenen Übertragung liegt darin, daß es bei verschiedenen Patienten wahrscheinlich zu jeweils unterschiedlichen Gegenübertragungshaltungen kommen wird. Sie sind auch daran zu erkennen, daß sie als relativ fremd zur eigenen Person und oft als aufgezwungen empfunden werden, daß sie von Fall zu Fall verschieden sind und wechseln.

Treten hingegen beim Therapeuten, beim Helfer, relativ gleichbleibend in verschiedenen Situationen und Beziehungen stets dieselben Reaktionsweisen auf, so handelt es sich aller Wahrscheinlichkeit nach nicht um Gegenübertragungsreaktionen, die vom Klienten hervorgerufen wurden, sondern um Übertragungen, um eigene, unbewußte Konflikte des Helfers.

Reagiert beispielsweise der Therapeut auf Verspätungen seiner Patienten stets gekränkt, so ist davon auszugehen, daß dieses Gekränktsein keine Gegenübertragungsreaktion darstellt, sondern einen eigenen Selbstwertkonflikt seiner Person berührt.

III. Lernziele

Ursprünglich nannte Michael Balint seine Arbeitsgruppen für praktische Ärzte und Sozialarbeiter »training cum research-Seminar«. Wörtlich übersetzt würde das heißen: »Training zusammen mit Forschung« oder genauer »Training durch Forschung«. In dieser Bezeichnung sind bereits zwei entscheidende Elemente der Balint-Gruppenmethode in ihrer Verknüpfung festgehalten. Einmal handelt es sich um ein Training, also um das Üben und Einüben oder Ausbilden von neuen Fähigkeiten. So wird in der Gruppe geübt, mit einer bestimmten Aufmerksamkeit zuhören zu können. Zum anderen erfolgt dieses Training durch eine Forschungsmethode, durch eine bestimmte Form des Suchens und Entdeckens. Diese Forschungsmethode stellt eine angewandte Form der Psychoanalyse dar.

In der Balint-Gruppe findet das Lernen und Forschen gleichzeitig statt. Jedes einzelne Beispiel, das die Gruppe diskutiert, wird auf seinen unbewußten Sinngehalt hin untersucht und jedesmal von neuem erforscht. Die Formel »indem ich forsche, lerne ich« trifft auf die Balint-Gruppenarbeit tatsächlich zu.

Michael Balint wollte wissen, welchen Einfluß die Beziehung zwischen Arzt und Patient auf die Krankheit und die Therapie nimmt. Sein Vater war praktischer Arzt und daher rührte wohl das überwiegende Interesse an der Arbeit mit Ärzten. Außerdem erlebte die Allgemeinmedizin nach dem Zweiten Weltkrieg in England mit der Einrichtung des National Health Service eine ungewöhnliche Blüte.

Zu Recht jedenfalls erschien Balint die Bedeutung der zwischenmenschlichen Beziehung in der ärztlichen Tätigkeit völlig vernachlässigt, was leider auch heute nach wie vor zutrifft. In seinem engagierten Interesse, die Wirkungen der Arzt-Patient-

Beziehung zu untersuchen und diese Beziehung selbst als Medikament aufzufassen, erscheint Balint heute als entschiedener, hellsichtiger und vor allem frühzeitiger Kritiker der modernen, technisch-naturwissenschaftlichen Medizin. Die Gefahr der Beziehungsfeindlichkeit dieser Form von Medizin und das dadurch verursachte Leid sah Balint früh voraus.

Seine grundlegende Arbeit »The doctor, his patient and the illness« [Der Arzt, sein Patient und die Krankheit], in der er sich kritisch mit der modernen Medizin auseinandersetzt und seine Gruppenmethode vorstellt, erschien im Jahr 1955 – zu einer Zeit, als die Errungenschaften der naturwissenschaftlich orientierten Medizin noch vorbehaltlos gepriesen wurden. Dabei begab sich Balint nie in eine »Entweder-oder-Position«, entweder Psychotherapie oder Organmedizin, sondern vertrat immer eine Auffassung des »sowohl-als-auch«.

Allgemein formuliert liegt das Ziel einer Balint-Gruppe darin, ein umfassendes Verständnis von der bewußten und unbewußten zwischenmenschlichen Beziehung, hier zwischen Arzt und Patient, zwischen Helfer und Hilfesuchendem, zu gewinnen. Dieses Interesse allein erregt noch keinen Anstoß. Warum sollte man nicht die Beziehung zwischen Arzt und Patient näher untersuchen? Doch Balint spitzte die Frage nach der Art der zwischenmenschlichen Beziehung zu, indem er sie selbst zum wichtigsten Medikament erklärte. Er schreibt: »Die am häufigsten in der medizinischen Praxis verschriebene Arznei ist der Arzt selbst ... Wir verfügen über keine Literatur bezüglich ihrer Indikationen, ihrer Dosierung zwecks Heilung und Nachbehandlung, ihrer Toxizität, ihrer vermeidbaren Nebenwirkungen, ihrer Kontraindikationen, usw. ...«, fügt er halb ironisch, halb im Ernst hinzu (1968 a, S. 133).

Die Analogie vom Arzt bzw. der Arzt-Patient-Beziehung als einer Arznei verblüfft. Sie wirkt überraschend und macht deutlich, wie fremd dieser Gedanke zunächst ist. Ein Arzt und die Beziehung zu seinem Patienten sollen genauso heilsam, ebenso wirksam oder unwirksam, sogar schädigend sein können wie ein Medikament, wie etwa ein Digitalis-Präparat? Dieser Gedanke stellt in der Tat eine Attacke auf die moderne Medizin und ihr naturwissenschaftlich begründetes Selbstverständnis dar. Tatsächlich liegt das Ziel der Balint-Seminare genau darin, »die Pharmakologie der Droge Arzt« in der Beziehung zwischen Patient und Arzt möglichst gründlich zu untersuchen. Dieser Zusammenhang muß keineswegs auf die Arzt-Patient-Beziehung beschränkt bleiben, sondern läßt sich generell auf die Beziehung zwischen Helfer und Hilfesuchendem übertragen.

Lange Zeit blieben die Auffassungen und Entdeckungen Balints relativ unbeachtet und unbekannt. Wie schon gesagt, wird die Gültigkeit der »krankheitszentrierten Medizin« nicht in Frage gestellt, solange es um die Diagnose und Therapie genau lokalisierbarer, körperlicher Störungen geht. Balint setzte sich vielmehr für eine Integration von somatischer und psychischer Betrachtungsweise ein. Bei der großen Fülle von Krankheiten, bei denen keine körperlich lokalisierbaren Störungen entdeckt werden können, muß jedoch die »krankheitszentrierte Medizin« durch eine »patientenzentrierte Medizin« ersetzt werden. Möglich wird dies erst dann, wenn wir das diagnostische und therapeutische Instrument der zwischenmenschlichen Beziehung kennen, wenn wir bewußt darüber verfügen und die wichtigen Fragen der »Indikation, Toxizität, der Nebenwirkungen und Kontraindikationen geklärt haben. Dabei muß die Beziehung zwischen Arzt und Patient als wirksamstes Instrument der Diagnose und Therapie eingesetzt werden.

Natürlich ist damit nicht gemeint, daß die Beziehung zwischen Arzt und Patient, vergleichbar einem Medikament, tatsächlich verschrieben werden kann. Die Metapher soll lediglich ausdrücken, daß die Wirkungen der Beziehung für Arzt und Patient weitgehend unbekannt, oft unbewußt sind, aber ebenso stark wie die Wirkungen eines Medikaments sein können. In der Balint-Gruppe werden am konkreten Fallbeispiel diese Wirkungen der Beziehung zwischen Helfer und Hilfesuchendem genau untersucht, so daß ihre unbekannten, unbewußten Kräfte und Anteile zutagetreten und bewußt eingesetzt werden können.

Dabei verfolgt das Balint-Gruppentraining drei Lernziele: *Beziehungsverständnis erlernen, Vorurteile überwinden, sich selbst verändern.*

Eine wichtige Aufgabe der Balint-Gruppe liegt für die Teilnehmer zunächst darin, zu lernen, sich in die zwischenmenschliche Beziehung hineinzuversetzen, sich einzufühlen und in der Dimension von Beziehungen denken zu lernen. Dies ist weder selbstverständlich noch einfach, da wir heute hauptsächlich lernen, personenbezogen, individual-diagnostisch zu denken und uns an den Symptomen und Störungen des einzelnen orientieren.

So sagen wir beispielsweise von einem Menschen: Er ist depressiv, er hat Angst. Wie meine Reaktion und Antwort auf sein Depressivsein oder auf sein ängstliches Verhalten aussieht, wird in aller Regel für unwichtig gehalten. Ob ich darauf mit großer Sorge reagiere, Befürchtungen hege, er könne sich etwas antun, oder ob ich mich minderwertig fühle, mit Schuldgefühlen reagiere und daran zweifle, überhaupt helfen zu können – alle diese Reaktionen werden üblicherweise als subjektive, persönliche, nebensächliche Regungen abgetan. Daß sie die Antwort auf die Mitteilung des Hilfesuchenden sind, daß sie sogar die wichtigste Botschaft seines Symptoms enthalten können, dafür ist der Blick verstellt. Balint hat hierfür den treffenden Ausdruck der »Sprachverwirrung« gefunden.

Eine »Sprachverwirrung« kommt relativ häufig und immer dann zwischen Arzt und Patient, zwischen Helfer und Hilfesuchendem zustande, wenn das »Angebot« des Patienten, seine Krankheit oder der Anlaß seiner Kontaktaufnahme vom Arzt, vom Helfer unverstanden bleiben und mit »Gegenangeboten«, zum Beispiel in Form weiterer Untersuchungen, in der Verschreibung neuer Medikamente oder mit beruhigendem Zuspruch, beantwortet wird. Mit Angebot ist hier gemeint, daß der Patient etwa mit körperlichen Beschwerden zu seinem Arzt kommt, im Grunde aber – seinem unbewußten Motiv folgend – nicht allein über diese Beschwerden, sondern über Fragen und Probleme mit dem Arzt sprechen will, die er in Worten nicht mitteilen kann. Bleibt dieses Angebot vom Arzt unverstanden, antwortet er allein als Fachmann, der für körperliche Beschwerden zuständig ist, so kommt es häufig dazu, daß die Therapie stagniert oder scheitert.

Wenn wir die Arzt-Patient-Beziehung als Angebot des Patienten an seinen Arzt und als Gegenangebot des Arztes an seinen Patienten formulieren, so ist darin bereits ein Verständnis von Symptom und Erkrankung als einem unbewußten, in Worten nicht faßbaren Konflikt enthalten. Bleibt dieser Konflikt unerkannt, dann erscheint er als »Sprachverwirrung«, Arzt und Patient verstehen einander nicht mehr.

Die Aufgabe der Balint-Gruppe liegt nun darin, diese Verwirrung aufzulösen, indem die Gruppe versucht, den Text der unbewußten Beziehung zu lesen und zu verstehen. Im Grunde ist dieser Text klar und hat seinen Sinn. Lediglich auf den ersten Blick erscheint er verworren und unverständlich, durch Abwehrvorgänge entstellt und schwer zu entziffern wie eine fremde Sprache. Denn die Sprache des Unbewußten folgt anderen Regeln, sie unterliegt einer anderen Logik als die des Bewußten.

Als Spezialisten im logischen, verstandesmäßigen Denken haben wir unsere Schwierigkeiten, Unbewußtes zu erfassen und zu verstehen. Die eigenen Gefühle, die persönlichen Gedanken und Phantasien, die subjektiven, höchst persönlichen Daten stören uns bei der logischen Kopf-Arbeit. Die krausen Gedanken und die unpassenden Gefühle müssen verschwinden und zum Schweigen gebracht werden, sie sind peinlich, zu persönlich – und enthalten doch den entscheidenden Schlüssel zum Verständnis des Unbewußten. Sinnvoll und gezielt damit umzugehen, müssen wir erst wieder lernen.

Theoretisch gesehen, wird in der Balint-Gruppe ein Verständnis der unbewußten Beziehungen dadurch möglich, daß die Teilnehmer die Beziehung zwischen Helfer und Hilfesuchendem als eine Übertragungs- und Gegenübertragungsbeziehung verstehen lernen. Die praktische Grundlage dafür ist – und darin unterscheidet sich die Balint-Gruppe wesentlich von anderen Lernverfahren – die persönliche Erfahrung des berichtenden Teilnehmers und sein gefühlsmäßiges Erleben dessen, was er in der Gruppe vorträgt. Daraus entwickelt sich Schritt für Schritt ein neues Verständnis für die berichtete Situation und eine neue Fähigkeit des Zuhörens. Beides zusammen führt zu einem besseren Einfühlungsvermögen. Die Teilnehmer erlernen und trainieren die Fähigkeit zur Selbstbeobachtung und zur Fremdbeobachtung, sie erweitern ihre Fähigkeit, Übertragungs- und Gegenübertragungsphänomene wahrnehmen und erkennen zu können.

Um ein Beziehungsverständnis dieser Art zu erlernen und anzuwenden, sind zwei Voraussetzungen unerläßlich. Einmal muß eine verantwortliche Beziehung zwischen Arzt und Patient, zwischen Helfer und Hilfesuchendem bestehen oder hergestellt werden. Die »Verzettelung der Verantwortung«, »das stillschweigende Abkommen, daß niemand die Verantwortung trägt«, muß aufgegeben werden. Diese Forderung Balints erscheint nur auf den ersten Blick trivial. Jeder, der im helfenden Beruf arbeitet, kennt genügend Beispiele aus seinem Alltag, die zeigen, daß die Verantwortung für die Behandlung oder Betreuung eines Hilfsbedürftigen oft auf mehrere Personen verteilt und das bedeutet eben oft verzettelt ist, ohne daß dafür immer eine Notwendigkeit besteht.

Meiner Beobachtung nach stellt das Verteilen und Abschieben von Verantwortung die häufigste Form von Vermeidung und Flucht vor einem persönlichen Zusammentreffen dar – wie kurz und eingeschränkt es auch sein mag, bereitet es offenbar Angst. Nur zu oft fühlen wir uns dieser Begegnung nicht gewachsen, weil wir befürchten, mit den Gefühlen und Gedanken, die in einem direkten, persönlichen Kontakt auftauchen würden, nicht zurecht zu kommen, ihnen nicht gewachsen zu sein. Wir fühlen uns als Helfer selbst unsicher und hilflos. Dabei ist es gerade dieser Mangel, den alle Beteiligten so oft beklagen. Der Stärke und Potenz des technischen Wissens und Könnens steht die Schwäche und der Mangel an persönlicher Direktheit im Umgang miteinander, an der Fähigkeit zu Gespräch und Dialog gegenüber.

Häufig kommt die persönliche Beziehung zwischen Helfer und Hilfesuchendem auch deshalb nicht zustande, weil es die tägliche Organisation unserer Arbeit bereits verhindert. Wenn sich die Aufsplitterung der Beziehung in einigen Situationen, wie im Krankenhaus, schon nicht umgehen läßt, so ist doch zu bedenken, welche Auswirkungen sich auf die Beziehung zwischen Helfer und Hilfesuchendem jeweils ergeben. Ein stationär behandelter psychiatrischer Patient wird heute in der Regel von etwa vier bis sieben verschiedenen Personen betreut: von einem

54

Arzt, von zwei Schwestern/Pflegern im jeweiligen Schicht-
dienst, von einem Beschäftigungstherapeuten und einem Sozialarbeiter, gelegentlich kommen konsiliarische Ärzte hinzu.

Es ist nicht gerade selten, daß ein sogenannter »Problempa-
tient« und seine Angehörigen mit bis zu 20 und mehr Personen
helfender Berufe in einem jeweils unterschiedlichen betreuenden
Kontakt stehen. In der Regel haben die Helfer keinen oder wenig
Kontakt zueinander, oft weiß der eine nicht, was der andere tut.
An diese bekannte Tatsache erinnere ich nur deshalb, um die
Aktualität und Brisanz der Forderung von Balint nach der verantwortlichen Beziehung zu unterstreichen. Bevor diese persönliche
und verantwortliche Beziehung nicht besteht, kann natürlich niemand mit ihr arbeiten oder sie verstehen wollen.

Vorurteile überwinden

Während seiner Tätigkeit mit praktischen Ärzten kam Balint bald
zu der Erkenntnis, daß bestimmte, festgefahrene berufliche Haltungen, Überzeugungen und moralische Einstellungen der Teilnehmer für die Ziele des Gruppentrainings hinderlich waren. Es
geht hier um ein Abschwächen oder Auflösen von Vorurteils-
strukturen, die die Wahrnehmung unbewußter Zusammenhänge
behindern oder ein sensibleres Erfassen dessen, was in einer Beziehung geschieht, sogar blockieren.

Balint spricht in dem Zusammenhang von der »apostolischen
Sendung« oder der »apostolischen Funktion« des Arztes. Damit
meinte er, »daß jeder Arzt eine vage, aber fast unerschütterlich
feste Vorstellung davon hat, wie ein Mensch sich verhalten soll,
wenn er krank ist. Obwohl diese Vorstellung keineswegs klar und
konkret ist, ist sie unglaublich zäh und durchdringt, wie wir fest-
gestellt haben, praktisch jede Einzelheit der Arbeit des Arztes mit
seinem Patienten. Es war fast, als ob jeder Arzt eine Offenbarung
darüber besäße, was das Rechte für seine Patienten sei, was sie also
hoffen sollten, dulden müßten, und als ob es seine, des Arztes
heilige Pflicht sei, die Unwissenden und Ungläubigen unter den
Patienten zu diesem seinem Glauben zu bekehren. Dies nannten
wir ›apostolische Funktion‹« (1976, S. 290).

Die »apostolische Funktion« oder der Glaubens- und Bekehrungseifer tritt je nach Persönlichkeit des Helfers und je nach Berufsgruppe in verschiedenen Varianten auf: der Arzt und Helfer als Beichtvater, als Trost- und Hoffnungsspender oder als Vorbild für den Patienten schlechthin. Heute gehört dazu oft eine stillschweigende Rollenaufteilung in einen Arzt und Helfer, der stets gesund und stark ist, der immer über Hilfe verfügt, und in den Patienten, der krank und schwach und immer hilfsbedürftig ist. In der Balint-Gruppe gilt es, am einzelnen Fallbeispiel solche Vorurteilshaltungen aufzuspüren. Die Unverrückbarkeit solcher Haltungen und Auffassungen, die oft einer narzißtischen Abwehr dienen, entpuppt sich als Vorurteil. Einer Erweiterung und Sensibilisierung der Wahrnehmung stehen sie im Wege, weil die Vieldeutigkeit von Verhaltensweisen nicht erfaßt und eine psychoanalytische Form des Zuhörens nicht eingeübt werden kann.

Mit einem einfachen Beispiel illustriert Balint diesen »Glaubenseifer«. »Ein gut und gesund aussehendes Mädchen erscheint in der Praxis des Allgemeinarztes und verlangt aus geringfügigem Anlaß, sie für zwei Wochen krankzuschreiben, was in den Augen des Arztes einem Urlaub gleichkommt. Mit einer kurzen und entschiedenen Moralpredigt lehnt der Arzt ab. Die Chance, das ›Angebot‹ des Mädchens zu untersuchen und zu klären, ob es sich um eine neurotische Fehlhaltung oder um eine Simulation handelte, ging verloren« (1976, S. 290). Solche Angebote bemerken und wahrnehmen zu können, ist notwendig mit der Aufgabe von gewohnheitsmäßigen Haltungen und von Vorurteilen verbunden.

Auf unterschiedliche Weise können in jeder Berufsgruppe solche vorurteilshaften Haltungen wirksam sein. Lehrer gehen davon aus, daß man alles lernen kann, Seelsorger nehmen an, daß Lebensprobleme Glaubensfragen seien, Krankenschwestern denken, daß das Gesundwerden von der richtigen Pflege und vom Willen des Patienten abhänge. Um Neues sehen und wahrnehmen zu können, muß man sich von Vertrautem lösen. Diese einfache Erkenntnis macht sich die Balint-Gruppenarbeit zu eigen. Sie hat zum Ziel, bei ihren Teilnehmern Vorurteile abzubauen und zu überwinden, alte Gewohnheiten in Frage zu stellen, um dadurch neue Formen der Wahrnehmung auszubilden.

Ein wichtiges Lernziel der Balint-Gruppenarbeit betrifft den bewußten Einsatz der eigenen Persönlichkeit. Wenn die Beziehung zwischen Helfer und Hilfesuchendem zu einem wesentlichen Instrument von Diagnose und Therapie oder Hilfe werden soll, bedarf es dazu einer speziellen, persönlichen Fähigkeit. Aus dem diagnostischen Erkennen der Beziehung folgen veränderte Vorgehensweisen. Dahin aber kann der Helfer nicht als objektiver und unbeteiligter Beobachter gelangen, »sondern er muß sich klar werden über seine eigenen, oft gefühlsmäßigen und bewußt nicht ganz kontrollierten Reaktionen ... Das ist eine neue Fähigkeit, nicht nur die Erweiterung von schon vorhandenem Wissen. Wie jeder Erwerb bedeutet auch das eine zwar begrenzte, aber nicht unwesentliche Persönlichkeitsveränderung« (Balint, 1968 b, S. 682).

Die intensive Auseinandersetzung mit und das Studium der Gegenübertragung gilt in der Balint-Gruppe als das zentrale Instrument des Erkennens und Lernens. Balint geht von einem weitgefaßten Begriff der Gegenübertragung aus und meint damit zunächst alle Reaktionen, die der Patient bei seinem Arzt auslöst. Trotzdem unterscheidet er durchaus zwischen sogenannten neurotischen und nicht-neurotischen Reaktionen des Arztes auf seinen Patienten, wenn er in einer Fallbesprechung zu der berichtenden Kollegin, die bereits mehrfach ähnliche Situationen vorstellte, sagt: »Vielleicht ist auch Ihr eigenes Verhalten eine Wiederholung. Es ist nicht das erste Mal, daß wir erleben, wie Sie einen interessanten Fall aufnehmen, ausgezeichnete Fortschritte in der Behandlung erzielen und dann in eine Krise geraten. Vielleicht liegt die Krise in Ihnen und nicht beim Patienten?« (1976, S. 278).

Ausdrücklich betont Balint »die Gegenübertragung als Hauptarbeitsgebiet« der Gruppe und geht davon aus, daß sich auf diese Weise die entsprechende Persönlichkeitsänderung auch ohne eine mehrjährige Analyse oder eine andere Form der direkten, intensiven Selbsterfahrung erreichen läßt. Aus heutiger Sicht erscheint diese Zielsetzung als zu hoch und zu optimistisch, wenn man bedenkt, wie komplex und relativ langwierig

Veränderungen der Persönlichkeit wahrscheinlich sind. Dennoch können die Teilnehmer einer Balint-Gruppe über die Beschäftigung mit dem Hilfesuchenden und der Beziehung zu ihm auch eigene unbewußte Konflikte in begrenztem Umfang erfassen. Allerdings werden solche Konflikte in der Balint-Gruppe nicht ausführlich bearbeitet.

Das Lernziel »Sich selbst verändern« ist umstritten, weil damit die Frage auftaucht, ob die Teilnehmer der Balint-Gruppe dadurch nicht unweigerlich zu psychotherapeutischen Patienten werden. Balint sah durchaus die Gefahr, daß das Training in ein »therapeutisches Unternehmen« umgewandelt würde, was ihn veranlaßte, die Übertragungsbeziehungen in der Gruppe und von der Gruppe auf den Leiter grundsätzlich nur in Ausnahmefällen anzusprechen oder gar zu deuten. Andererseits ging er ohne Scheu davon aus, daß zur Entwicklung von Sensibilität und persönlicher Einsichts- und Einfühlungsfähigkeit die »Entdeckung einiger unausweichlicher, nicht immer erfreulicher Tatsachen über die Grenzen des eigenen Wesens dazu gehören« (1976, S. 407). Dieser unangenehmen Erfahrung darf in der Gruppe nicht ausgewichen werden, vielmehr ist die Entwicklung der Gruppe aufs engste damit verknüpft, sich der Auseinandersetzung mit solchen Erfahrungen zu stellen. Die Gruppe »bleibt stecken, sobald sie versucht, sich davor zu drücken«.

Es erscheint mir naheliegend, von einer *wesentlichen* Veränderung der Person insofern zu sprechen, als sich während des erfolgreichen Verlaufs einer Balint-Gruppe diejenigen bewußten und vorbewußten, möglicherweise auch die unbewußten Einstellungen, Verhaltens- und Erlebensformen der Teilnehmer verändern werden, die sich auf den Bereich ihrer beruflichen Tätigkeit beziehen. Es liegt zum Beispiel nahe und wird sich als notwendig herausstellen, daß in einer Balint-Gruppe für das Personal einer hämatologischen Abteilung, in der vor allem Tumor- und Leukämie-Patienten behandelt werden, die Teilnehmer auch über ihre eigenen Ängste vor Krankheit und Tod sprechen können, damit sich ihr Umgang mit den Patienten verändert (vgl. Drees, 1981).

Aus der Erkenntnis über den Fall kann durchaus eine Selbsterkenntnis für den Teilnehmer der Balint-Gruppe werden, die sich verändernd auf seine Person auswirkt. Außerdem wird durch die Methode der Balint-Gruppenarbeit die Abwehrhaltung der Teilnehmer in begrenztem Umfang gelockert, und es entsteht ein partieller Zugang und Kontakt mit eigenem und fremdem unbewußtem Geschehen. Es ist sogar wünschenswert, daß sich Abwehrhaltungen lockern, um neue Wahrnehmungs- und Verständnisformen zu entwickeln. Dies kann sich, vergleichbar einem psychotherapeutischen Effekt, verändernd auf die Person auswirken.

Schließlich ermöglicht die Balint-Gruppe das Gespräch über schwierige Fälle. Damit geht einher, daß ich die Begrenzung meiner beruflichen Fähigkeit akzeptieren und eigene Schwächen oder sogar mein Scheitern eingestehen kann. In der Gruppe dürfen peinliche, schmerzliche, ängstigende und tabuierte Themen in der Beziehung zwischen Helfer und Hilfesuchendem zur Sprache kommen – Themen, über die in anderen beruflichen Diskussionsgruppen nicht gesprochen wird. Im Annehmen eigener Schwäche und Begrenzung, durch das offenere Sprechen über zwischenmenschliche Problemsituationen wird in der Balint-Gruppe eine Atmosphäre geschaffen, durch die der Einzelne sich verändern kann.

Begrenzt wird die Persönlichkeitsveränderung insofern sein, als sich die Teilnehmer der Balint-Gruppe nicht ausführlich mit ihren unbewußten Konflikten beschäftigen. Die erwünschte Persönlichkeitsänderung bleibt auf den Bereich beruflicher Tätigkeit bezogen und begrenzt. Freilich ist nicht auszuschließen, daß solche Änderungen auf andere Lebensbereiche übergehen und generalisiert werden. Festzuhalten bleibt, daß eine Balint-Gruppe weder eine Selbsterfahrungs-, noch eine psychotherapeutische Gruppe ist und es auch nicht werden soll. Andererseits schließe ich damit nicht aus, daß berufsbezogene Teile von Selbsterfahrung sinnvollerweise und in begrenzter Form in die Balint-Gruppe mit eingehen sollten.

Stärker als Balint selbst unterstreicht Argelander den Unterschied zwischen Balint-Gruppe und psychoanalytischer Therapiegruppe. Er trennt eindeutig zwischen Fortbildung einerseits und Therapie- oder Selbsterfahrungsgruppe andererseits. »Die Balint-Gruppenteilnehmer werden für die Ausübung ihres Berufes fortgebildet – sie sind keine Patienten« (1972, S, 99). Deshalb werden aus seiner Sicht Widerstandsphänomene, die den Lernprozeß in der Balint-Gruppe stören, nicht direkt angesprochen und bearbeitet. Das Ziel der Balint-Gruppenarbeit müsse sich völlig der Grundidee berufsbegleitender Weiterbildung anpassen, da sonst die bestehende berufliche Identität gefährdet und nicht erweitert würde.

Zwar geht Argelander davon aus, daß die »Mobilisierung eigener unbewußter Prozesse als Voraussetzung gilt, um fremde unbewußte Vorgänge zu verstehen«. Entscheidend sei jedoch, ob diese Mobilisierung für die Arbeitsaufgabe der Balint-Gruppe von Nutzen ist und in ihrem Dienst steht. Ist das nicht der Fall, kann das eigene Unbewußte den Arbeitsgegenstand verfälschen, d. h., unbewußte Konflikte oder Übertragungshaltungen einzelner Teilnehmer können das Bild der Beziehung zwischen Helfer und Hilfesuchendem projektiv verzerren. Mit diesem berechtigten Einwand gegen das Einbeziehen von Selbsterfahrung in die Balint-Gruppe wird jedoch das Problem der »Verfälschung des Arbeitsgegenstandes« noch nicht gelöst.

Das Lernen mit seinen persönlichkeitsverändernden Wirkungen findet in der Balint-Gruppe auf indirektem Wege statt. Die persönliche Beteiligung, das eigene Verstricktsein, »wird am Fall indirekt zur Sprache gebracht und am Fall ausgetragen ..., in der Balint-Gruppe wird gezielt die unbewußte Bedeutung einer beruflichen Situation vom Klienten her untersucht« (1972, S. 130) – und nicht vom Berichtenden aus. Im Unterschied zu dieser Auffassung betont Balint jedoch beide Seiten der Beziehung und untersucht ausdrücklich ihre Wechselwirkung. Die Arbeit an Übertragung und Gegenübertragung sollte also ausgeglichen sein.

Zu Recht hebt Argelander hervor, daß die Balint-Gruppe »nicht dazu dient, ihre Teilnehmer zu Psychotherapeuten in ihrem Beruf auszubilden, also aus Pfarrern, Lehrern, Richtern, Sozialarbeitern und anderen Helfern Psychotherapeuten zu machen, sondern bestimmte psychotherapeutische Funktionen auszubilden, die dann im Zusammenhang mit anderen beruflichen Fähigkeiten eingesetzt werden.« Zudem wird in der Balint-Gruppe »ein natürliches menschliches Potential, einen Mitmenschen zu verstehen«, gefördert und zu einer professionellen Haltung ausgebildet.

An dieser Stelle wird deutlich, daß das Ziel der Balint-Gruppenarbeit auch davon bestimmt wird, in welchem sozialen Kontext sie stattfindet. Wird die Balint-Gruppe zur Ausbildung von Psychotherapeuten eingesetzt, wie es heute im Rahmen der Zusatzausbildung zum ärztlichen Psychotherapeuten geschieht, dann dient sie eindeutig dem Erwerb psychotherapeutischer Kompetenz. Wird Balint-Gruppenarbeit für die Fortbildung in anderen psychosozialen Berufsgruppen eingesetzt, ist die Aufgabe zu lösen, wie die neu erlernten Fähigkeiten in die jeweilige Berufspraxis umgesetzt werden können. Hier ist es hilfreich, wenn Leiter und Teilnehmer einer Balint-Gruppe die Fragen nach der Umsetzung in die berufliche Praxis im Dialog miteinander lösen.

Erreichen die Teilnehmer der Balint-Gruppe die genannten Lernziele, wird sich letztlich ihre Empathiefähigkeit, die Fähigkeit, andere Menschen mit ihren unbewußten Wünschen und Ängsten zu erfassen, sich in ihre seelische Lage hineinzuversetzen, verbessern. Mit einer verfeinerten Einfühlungsfähigkeit lassen sich viele Situationen im helfenden Beruf in einer befriedigenderen und wirkungsvolleren Weise bewältigen.

Einfühlungsfähigkeit ist sicher eine komplexe Eigenschaft. Der amerikanische Psychoanalytiker Ralph Greenson versteht unter Empathie ein möglichst umfangreiches »emotionales Wissen« und meint damit die Fähigkeit, einen anderen Menschen aus verschiedenen, teilnehmenden und beobachtenden Positionen zu verstehen und seine unbewußten Konflikte zu erkennen. Teilnehmen und Beobachten aus verschiedenen Positionen bedeutet, daß ich mir konkret vorstellen kann, wie ein anderer Mensch sich selbst sieht oder wie er seine Mitmenschen sieht und umgekehrt, wie er von ihnen gesehen wird. Es gibt also eine ganze Reihe von unterschiedlichen Perspektiven, aus denen heraus ich mich in einen anderen Menschen hineinversetzen und einfühlen kann, und es ist keineswegs einfach, sich in der praktischen Arbeit diese Vielfalt von Möglichkeiten vorzustellen.

Ein neues Beziehungsverständnis erlernen, Vorurteile überwinden, sich selbst verändern – unter diesen drei Überschriften habe ich die Lernziele der Balint-Gruppenarbeit beschrieben. Von anderen Autoren werden sie ähnlich formuliert. Durch Verständnis Vertrauen herzustellen – auch so läßt sich sehr zutreffend das Ziel der Balint-Gruppenarbeit auffassen (vgl. Loch, 1969).

IV. Die Teilnehmer

Allgemeine Voraussetzungen

Ursprünglich führte Balint seine »training cum research-Seminare« mit praktischen Ärzten durch und setzte auch später hier seinen Schwerpunkt. Von Anfang an wurde jedoch die Balint-Gruppenmethode auf andere Berufsgruppen ausgedehnt. So hatte Michael Balint zusammen mit seiner Frau Enid Trainingsgruppen mit Fürsorgern eingerichtet, die in der Eheberatung tätig waren.

Balint suchte nach einer Möglichkeit, wie Praktiker im helfenden Beruf eine Sensibilität für unbewußte Vorgänge erwerben können, ohne auf die bewährte Methode einer langjährigen Lehranalyse und psychoanalytischen Ausbildung zurückzugreifen, die schon aufgrund ihrer hohen Kosten nicht in Betracht kam. Meiner Auffassung nach ist die Frage nach einem psychoanalytischen Training außerhalb der Ausbildung zum Psychoanalytiker nach wie vor aktuell.

Grundsätzlich können an einer Balint-Gruppe alle diejenigen teilnehmen, die im helfenden, psychosozialen Beruf tätig sind oder durch das umfassendere Verständnis zwischenmenschlicher Beziehungen ihren Beruf besser und wirkungsvoller ausüben wollen. Drei Voraussetzungen sind für die Teilnahme an einer Balint-Gruppe erforderlich:

1. Der Teilnehmer muß regelmäßig mit Klienten, Patienten arbeiten, bzw. eine praktische Tätigkeit ausüben und damit über solche berufliche Erfahrungen verfügen, die er in die Balint-Gruppe einbringen kann.
2. Die Teilnehmer sollen den Wunsch und ein Interesse daran haben, über ihre beruflichen Erfahrungen mit anderen Kolle-

gen zusammen über einen längeren Zeitraum hinweg in der Balint-Gruppe zu sprechen und einzelne Beispiele gemeinsam zu beraten. Üblicherweise ist damit ein Interesse an psychologischen Fragestellungen verbunden. Für den Verlauf der Balint-Gruppe ist es hilfreich, wenn sich jeder Teilnehmer vor Beginn klar macht, daß diese Gruppenarbeit keine persönliche Psychotherapie bedeutet oder gar ersetzt. Vielmehr ist damit ein persönliches Training der psychologischen, beruflichen Fähigkeiten beabsichtigt. Dazu ist die Bereitschaft zur persönlichen Auseinandersetzung mit der beruflichen Situation notwendig.

3. Wer sich einer Balint-Gruppe anschließen will, sollte sich verpflichten, über den vereinbarten Zeitraum hinweg kontinuierlich an den Zusammenkünften der Gruppe teilzunehmen. Die Verpflichtung zur kontinuierlichen Teilnahme ist nicht nur eine Formalität, sondern die Konsequenz der Entscheidung, teilzunehmen oder nicht teilzunehmen. Für den Erfolg des Balint-Gruppentrainings ist die kontinuierliche Lernerfahrung von Bedeutung. Dabei kommt es auf die Anwesenheit jedes einzelnen Mitglieds der Gruppe an.

Im folgenden will ich die Balint-Gruppenarbeit, wie sie in verschiedenen Berufsgruppen durchgeführt und in der Literatur beschrieben wird, darstellen. Obwohl Balint-Gruppen überwiegend von Ärzten der verschiedensten Fachrichtungen besucht werden, hat sich das Spektrum von Berufen, in denen Balint-Gruppenarbeit erfolgreich angewandt wird, erheblich erweitert.

Psychotherapeuten und Psychologen, Sozialarbeiter, Sozialpädagogen, Krankenschwestern und Pfleger, Therapeuten in der Behindertenarbeit und in der Rehabilitation, Lehrer und Pädagogen zählen ebenso zu den Teilnehmern von Balint-Gruppen wie Seelsorger, Bewährungshelfer, Rechtsanwälte und Richter. Immer häufiger werden auch für Studenten, die sich in diesen Berufen ausbilden, sogenannte Junior-Balint-Gruppen angeboten. Das Balint-Gruppentraining kann überall dort von Nutzen sein, wo die zwischenmenschliche Beziehung ein wesentliches Element der beruflichen Tätigkeit darstellt.

Eindrücklich berichtet B. Adler über ihre Erfahrungen in der Balint-Gruppenarbeit mit Bewährungshelfern und Strafvollzugsbeamten. In der Gruppe, die aus fünf Vollzugsbeamten einer Jugendstrafanstalt bestand, herrschte anfangs gegenüber der Gruppenleiterin großes Mißtrauen darüber, ob sie möglicherweise zu den Vorgesetzten der Behörde gehöre. Später wurde sie verdächtigt, mit der antiautoritären Bewegung zu sympathisieren und die Gruppe »zur Anarchie« zu verführen.

Gleichzeitig bildete sich in der Gruppe eine starke Abhängigkeit gegenüber Autorität aus. Die Teilnehmer gingen davon aus, daß es auf alle Fragen eine »richtige« Antwort gäbe. Sie waren überrascht, daß sich die Leiterin nicht als Autorität anbot, die »richtige« Antworten gibt, und stattdessen die gemeinsame Diskussion der Probleme zu einer besseren, differenzierteren Antwort führte, als sie von einem einzelnen kommen kann. Die Struktur der Strafanstalt – für jede Situation gibt es eine Regel, für eigenverantwortliches Handeln ist nur geringer Spielraum – bildete sich zunächst in der Gruppe ab.

Die Lernerfahrungen der Teilnehmer dieser Balint-Gruppe lagen vor allem im Vergleichen eigener Lebenserfahrungen mit denen der Häftlinge und in einem Nachdenken über das pädagogische Handeln in der Anstalt. Die einseitige Polarisierung zwischen den »bösen« Häftlingen und den »guten, pflichtbewußten« Beamten lockerte sich und das Bewußtsein für die vorhandenen Probleme in der Anstalt nahm zu. Die Teilnehmer erkannten die Bedeutung der zwischenmenschlichen Beziehung in ihrer Arbeit, doch das Bewußtwerden und die neugewonnene Sensibilität führten zu Schuldgefühlen in der Balint-Gruppe, die schließlich in die Frage mündeten: »Kann sich ein Mensch von den Schäden des Strafvollzugs erholen?«

Die Teilnehmer reagierten betroffen, als ihnen bewußt wurde, welche Macht sie in ihrem Beruf über die Insassen ausüben können. Im weiteren Fortgang der Arbeit traten die zu Anfang im Vordergrund stehenden Probleme im Umgang mit aggressiven Häftlingen zurück und die Gruppe beschäftigte sich mit den passiv-zurückgezogenen, den Kontakt verweigernden Insassen.

Die Vollzugsbeamten fühlten sich in ihrer Rolle als »Schließer« überflüssig und erkannten die Umkehr der üblichen Situation. Jetzt wurden sie von den Häftlingen aus den Zellen ausgeschlossen.

Die Gruppe beschäftigte sich mit der Frage, »was in Häftlingen vorgehen mag, die ihre Zelle ganz bewußt weiß gekalkt, bilderlos, kahl halten.« Die Beamten fühlten sich unsicher und unwohl, wenn sie die Zellen dieser Häftlinge betraten, weil es dort nichts gab, worin sich individuelles Leben ausdrückte. Damit war ein persönlicher Zugang und Kontakt zu den Insassen, sei er auch nur oberflächlich, unmöglich geworden.

Das Ergebnis dieser Balint-Gruppe wird kritisch festgehalten: »Je mehr die Teilnehmer an Möglichkeiten gewinnen, bestehende Ordnungen und Einstellungen zu hinterfragen, je offener und sensibler sie für das Wechselspiel seelischer Prozesse zwischen den Häftlingen und sich selbst werden, desto befähigter werden sie zwar zu pädagogisch-therapeutischem Tun, gleichzeitig aber nimmt auch mit ihrer Sensibilität ihre Verwundbarkeit zu« (S. 623). Drei Möglichkeiten oder Auswege zeichneten sich in dieser Balint-Gruppe ab, die mir durchaus typisch erscheinen.

1. Rückzug und Trennung von der Institution, Wechsel in eine andere berufliche Tätigkeit;
2. Manipulation, bzw. äußere Anpassung an die Institution und innerer Widerstand durch Identifikation mit den »ohnmächtigen« Häftlingen;
3. konstruktive Auseinandersetzung mit Häftlingen, Kollegen und Vorgesetzten.

Rückzug, Anpassung, konstruktive Auseinandersetzung – so sehen drei Alternativen aus, die die Teilnehmer dieser Balint-Gruppe als Konsequenz für ihr berufliches Handeln entwickelt haben.

Die schwierige Aufgabe, das neu gewonnene Verständnis in die alltägliche Arbeit umzusetzen, stellt sich für jede Gruppe anders. Die neue Einsicht verschafft zwar Freiheit, ein Stück Angstfreiheit, und eröffnet Spielraum für neue Verhaltensweisen und Lösungen. Andererseits wirkt sie kränkend, macht betroffen und unsicher. Die in der Balint-Gruppe auftauchende Verunsicherung und Kränkung, die aus der Einsicht in die Grenzen eigenen Handelns rührt, nicht resignativ zu verarbeiten sondern in eine kreative, schöpferische Richtung zu wenden, nimmt alle Beteiligten voll in Anspruch.

Seelsorger

Mit Krankenhaus-Seelsorgern arbeitete Böker in einer Balint-Gruppe und kommt zu dem Ergebnis, daß die »klinische Seelsorgeausbildung« umso wichtiger wird, je stärker Patienten das traditionelle seelsorgerische Angebot ablehnen«. »Nicht nur die Konfrontation mit Patienten, die dem Vertreter der Kirche feindselig oder gleichgültig gegenüberstehen, gleichwohl in ihren existenziellen Ängsten Gesprächshilfe suchen, schafft Schwierigkeiten. Oft schildert der Seelsorger Berufsszenen, die seine randständige Position im Krankenhausbetrieb, seine problematische Zwischenstellung als Mitglied des Stationsteams und eines von außen eintretenden Besuchers offenbaren« (S. 195).

In anderen Situationen wird der Seelsorger mit scheinbar nichtreligiösen Fragen in Anspruch genommen, obwohl der Patient den Kontakt zu einem Geistlichen sucht, weil ihn Glaubensfragen beschäftigen, die er nicht offen zur Sprache bringen kann. Um mit diesen Situationen besser zurechtzukommen, und um die schwierigen und belastenden Aufgaben, denen sich Seelsorge im modernen Großkrankenhaus gegenübersieht, zu bewältigen, kann die Balint-Gruppe eine entscheidende Hilfe bieten. Die Teilnehmer können ihre Fähigkeit stärken, die eigene Rolle und Aufgabe genauer zu erkennen und zu sehen, welche Wünsche und Ängste, Hoffnungen und Enttäuschungen kranke Menschen unbewußt auf den Seelsorger richten. Dabei können religiöse Fragen, die den Patienten innerlich beschäftigen – die Krankheit als Strafe Gottes, als von Gott auferlegtes Schicksal – eine bedeutende Rolle spielen.

Natürlich werden Seelsorger auch außerhalb des Krankenhauses als Ratgeber in bedrängenden Lebenssituationen angesprochen, und es wird vom psychologischen Verständnis des Geistlichen und von seiner Lebenserfahrung abhängen, wie er dieser Aufgabe gerecht werden kann.

Erzieher und Sozialpädagogen

Die Chance von Balint-Gruppenarbeit für Erzieher begründet Fleck damit, daß das Rüstzeug des Pädagogen heute nicht allein sein theoretisches Wissen sei, sondern im Umgang mit seinen Gefühlen gegenüber den Kindern liege. Dafür bietet der pädagogische Alltag wenig Raum.

»Die Kollegen arbeiten weitgehend isoliert voneinander und haben wenig Möglichkeiten zu einer echten Auseinandersetzung mit den Problemen und Schwierigkeiten untereinander und im Umgang mit den Kindern und deren Eltern. So bleibt die Auseinandersetzung um Probleme, die täglich in der konkreten Arbeit auftreten, ausgespart; für eine Auseinandersetzung, die das eigene Betroffensein des Erziehers nicht ausklammert, sondern notwendig macht, fehlt der Raum, d. h. der Schutz einer Gruppe und das damit verbundene, notwendige Vertrauen. Entsprechend der an die Erzieher gerichteten Erwartungen neigen sie dazu, ein pädagogisches Programm zu absolvieren. Unter diesen Voraussetzungen adäquat die Bedürfnisse der Kinder wahrzunehmen, sie zu verstehen und auf sie einzugehen, ist ungeheuer schwierig« (S. 323).

Tatsächlich kann der Zusammenhalt einer Balint-Gruppe und der Schutz, den sie bietet, eine wesentliche Hilfe dafür sein, um bei gegenseitigem Vertrauen und solidarischer Kritik schwierige Erziehungsprobleme am einzelnen Beispiel zu klären und verstehen zu lernen. Erst im Schutz der Gruppe kann das eigene Betroffensein, die Gegenübertragung, ausgesprochen und gezeigt werden, weil sich der Zwang, bestimmten Rollenerwartungen gerecht zu werden, durch die neue Gesprächsform in der Balint-Gruppe lockert und löst. Im folgenden Beispiel von Fleck wird das anschaulich.

»Herr E. arbeitet als Heimerzieher und macht auf dem Zweiten Bildungsweg das Abitur nach. Er war ständig auf der Suche nach Fort- und Weiterbildungsmöglichkeiten und kam in die Balint-Gruppe, weil er sich im Erzieher-Team seiner Institution als Außenseiter erlebt und keine Unterstützung für seine Arbeit in der Einzelfallhilfe bekommt. Er betreut zu dieser Zeit gerade einen kontaktgestörten Jungen, der als Sonderschüler abgelehnt wurde, innerhalb seiner Kindergruppe keinen Platz hatte und auch bei den Erziehern unbeliebt war. Herr E. hat den Anspruch, den Jungen von der Sonderschule auf die Hauptschule und dann aufs Gymnasium zu bringen. Auf die Frage aus der Gruppe, welchen Kontakt er denn zu diesem Kind und welche Gefühle er ihm gegenüber habe, reagiert er ärgerlich und abweisend mit den Worten, das sei ja der reinste Seelenstriptease hier. Die Probleme würden doch an den unmenschlichen Institutionen liegen, da sei sowieso nichts zu machen, und außerdem müßte zuerst die Gesellschaft verändert werden.

Als er danach befragt wird, was er denn dann in einer Balint-Gruppe suche, antwortet er, er erwarte Ratschläge und ein Trainingsprogramm, nach dem er arbeiten könne. Insgesamt steht er unter ungeheurem Leistungsdruck. Hinter seiner rationalisierenden Fassade wirkt Herr E. sehr gehetzt und seine Angst vor Gefühlen wird immer spürbarer in der Gruppe. Ein Gruppenmitglied bemerkt, daß Herr E. mit der kurzen Beschreibung des Jungen auch seine eigene Problematik als Außenseiter im Heim dargestellt habe und er nun versuche, dieses Verhältnis auch hier in der Gruppe herzustellen. Diese Aussage löst bei Herrn E. Nachdenklichkeit aus und er erzählt schließlich, wie schwer es ihm der Junge mache, eine Beziehung zu ihm herzustellen. Er hätte den Jungen gern und könnte auch dessen Wut gut verstehen, jedoch vermitteln könne er ihm dies Gefühl nicht.

Herr E. wird dabei weich und wirkt sensibel und verletzlich. Die gedrückte Stimmung in der Gruppe löst sich; jetzt kann Herr E. auch über sich selbst sprechen. Er leide darunter, immer etwas leisten zu müssen, um anerkannt zu werden. Auch in der Gruppe habe er anfangs stark dieses Gefühl gespürt. Er habe Angst, seine Schwächen und Schwierigkeiten zu zeigen, da die anderen dies ausnutzen und ihn an seinen wunden Punkten treffen könnten. Herr E. drückt mit dieser Offenheit die Gefühle der ganzen Gruppe aus; er wird verstanden und angenommen und braucht sich nach dieser Erfahrung nicht mehr als Außenseiter zu erleben. Es wird deutlich, daß Herr E. in der unbewußten Identifikation mit dem Heimkind die Gefühle des Jungen in die Balint-Gruppe hineingetragen hat. An den Reaktionen der Gruppenmitglieder und an seinen eigenen Empfindungen erlebt er sich selbst in dem Jungen wieder« (S. 327).

Immer wieder ist in Balint-Gruppen zu beobachten, daß die unbewußte Identifikation zwischen Helfer und Hilfesuchendem ein wichtiges, vielleicht das wichtigste Arbeitsfeld der Gruppe ist. Zunächst gelingt auf dem Weg der unbewußten Identifikation oft ein überraschend guter und einfühlsamer Kontakt zu dem Hilfesuchenden, besonders zu seiner traumatisierten Seite, zur Opferseite seiner Persönlichkeit, dort, wo ihm also Unrecht geschehen und Leid zugefügt worden ist. Daß der Hilfesuchende daraus aktiv etwas gemacht hat und mit seinem Helfer macht, daß er damit die Beziehung unbewußt gestaltet, ist erfahrungsgemäß schon sehr viel schwerer einfühlbar und verständlich zu machen.

Die genannte Identifikation mit dem Opfer führt zwar zu einer guten Einfühlungsfähigkeit in genau diesem Bereich, ist aber oft mit Überengagement und intensiver Verstrickung verbunden, die zwangsläufig zu Schwierigkeiten in der Arbeit führen. Hier kann die Teilnahme an der Balint-Gruppe dazu beitragen, eine distanziertere Form der Anteilnahme zu entwickeln und die eigene Einfühlungsfähigkeit speziell in dieser Hinsicht zu erweitern.

Kinderärzte

Aus den »Erfahrungen von Kinderärzten in einer Balint-Gruppe« schildert die französische Psychoanalytikerin Rimbault in zahlreichen Beispielen den Vorgang der unbewußten Identifikation.

Ein Teilnehmer der Gruppe erkennt und beschreibt seine Arbeit mit den Kindern in der Klinik: »Diese Kinder bewegten sich nicht und redeten nicht. Ich selbst bin ein Kind gewesen, das nichts gesagt hat und sich nicht bewegt hat, sondern unter dem Tisch saß. Das bezeichne ich als »Syndrom des Unter-dem-

Tisch-Seins«. Das heißt, daß ich dort meinen Eltern zuhörte, ohne mich zu rühren. Sie stritten miteinander. Und diese Kinder da (in der Klinik) befinden sich in der gleichen Situation wie ich« (S. 228). In der weiteren Arbeit an dem Fallbeispiel gelingt es, immer genauer den persönlich-biographischen Hintergrund der Identifikation mit den Kindern in der Klinik herauszuarbeiten und so zu einem neuen Verständnis der Situation zu gelangen.

Angesichts der geringen psychologischen Ausbildung während des Studiums ist es für Kinderärzte naheliegend, an einer Balint-Gruppe teilzunehmen und sich auf diese Weise psychologisch fortzubilden. Wie wird der Kinderarzt mit den Ängsten vor Schmerzen und mit den Befürchtungen seiner jungen Patienten umgehen? Wird er sie bemerken und erkennen? Wird er in der Lage sein zu unterscheiden, wann das Kind der Patient ist und behandelt werden muß, und wann das Kind als Patient der Mutter oder der gesamten Familie vorgeschoben und zum Arzt geschickt wird? Die Erfahrungen, die wir als Kinder beim Arzt gemacht haben, prägen oft die spätere Einstellung gegenüber Krankheit und Gesundheit, und schon deshalb kommt dem Kinderarzt eine besondere Bedeutung zu.

Lehrer

In der Balint-Gruppenarbeit mit Lehrern hat sich gezeigt, daß der angstfreiere und selbstbewußtere Umgang des Lehrers mit seinen Schülern die Qualität der pädagogischen Beziehungen positiv verändert. »Der Lehrer erfährt in der Regel in der Balint-Gruppensitzung eine Entlastung von Schuldgefühlen dem Schüler, evtl. dessen Eltern, der Schule und besonders seinem eigenen Über-Ich gegenüber«, stellt Hellwig aufgrund seiner Erfahrungen fest. Die Möglichkeit, in der Balint-Gruppe berufliche Probleme aus der Sicht persönlichen Erlebens darstellen zu können, hilft bereits, das Problem besser zu erkennen und zu handhaben. Eigene Hilfsbedürftigkeit einzugestehen und den Rückhalt in der Gruppe zu spüren, führen zu einer gelösteren Haltung gegenüber kritischen Situationen in der Schule.

»Der Lehrer erlebt die Möglichkeit der Veränderbarkeit einer ihm bisher oft als unlösbar erscheinenden Situation. Er fühlt sich aufgrund des gewonnenen Verständnisses dem Schüler gegenüber sicherer, er hat weniger Angst in der Konfrontation mit ihm, so daß er ihm offener und vorurteilsfreier begegnen kann. Das geeignete Verhalten dem Schüler gegenüber ergibt sich aus der so entspannten Situation leichter und folgerichtiger. Der Schüler wird die Veränderung im Verhalten des Lehrers überwiegend unbewußt wahrnehmen, er fühlt sich verstanden und spürt die Bereitschaft des Lehrers, auf ihn einzugehen. So kann der ... Kreislauf gesteigerten Mißverständnisses aufgelöst und zu einem Zirkel gesteigerten Verständnisses umgekehrt werden« (S. 273).

Lehrer werden in ihrer Arbeit mit Kindern und Jugendlichen oft in heftige, emotional aufgeladene Beziehungen von Zuneigung und Ablehnung hineingezogen, sie werden idealisiert und entwertet, geliebt oder gehaßt, geschätzt oder gefürchtet. Das emotionale Gleichgewicht des Erwachsenen gerät dabei ins Wanken. Gelingt es, solche Situationen psychologisch zu verstehen und das eigene gefühlshafte Betroffensein zu erfassen und anzunehmen, so eröffnen sich neue pädagogische Möglichkeiten. Ein gegenseitiges Mißverstehen kann zum gegenseitigen Verstehen werden, so daß Erziehen und Lernen wieder im Mittelpunkt stehen.

Ärzte

Die Balint-Gruppenarbeit mit Ärzten ist nach wie vor von grundlegender Bedeutung. Im Rahmen des Fachs Medizinische Psychologie haben Balint-Gruppen zwar eine begrenzte Verankerung in der Ausbildung von Medizinstudenten erhalten. Später schließen sich Praktiker in Balint-Gruppen zusammen, um sich weiterzubilden – beispielsweise innerhalb der psychotherapeutischen Weiterbildung. Die ursprüngliche Absicht von Balint lag jedoch nicht darin, zu einer weiteren psychotherapeutischen Spezialisierung auszubilden, sondern die traditionell medizinische Kompetenz um eine tiefenpsychologische zu erweitern.

Offiziell wird sich heute niemand mehr im medizinischen Be

reich ernsthaft gegen Balint-Gruppenarbeit äußern oder sie gar als unwissenschaftlich ablehnen. Die Situation hat sich, seit Michael Balint in den Fünfziger Jahren mit seinen Trainings-Seminaren begann, verändert. Balint-Gruppen werden heute wohlwollend oder skeptisch geduldet, nicht selten jedoch als überflüssiger Luxus bezeichnet, gelegentlich auch totgelobt oder als spezielles Verfahren in den Bereich der Psychosomatik verwiesen und damit ihrer Wirkungsmöglichkeit auf breiter Basis beraubt. Von einer aktiven Förderung der Balint-Gruppenarbeit in der Medizin, von ihrem selbstverständlichen Einzug in den klinischen Alltag kann nach wie vor keine Rede sein.

Die Wirkung der »Droge Arzt«, das enorme therapeutische Potential der Arzt-Patient-Beziehung und der psychologisch gekonnte Umgang damit werden nach wie vor zum allergrößten Teil ignoriert. Das Therapeutikum der persönlichen, individuellen Arzt-Patient-Beziehung und ihre psychoanalytisch wirksame Handhabung liegt als Heilmittel weithin brach. Das ist erstaunlich, aber nicht völlig unerklärlich. Denn um ein Heilmittel anwenden zu können, muß es mir in seiner Zusammensetzung und Wirkung erst einmal selbst bekannt sein. Wählen wir ein Beispiel aus der Arbeit von Balint selbst, »einen recht einfachen Fall, wie er in jedem Sprechzimmer vorkommt«, um anschaulich zu machen, worum es geht.

»Herr U., 36 Jahre alt, Facharbeiter, verheiratet, zwei Kinder. Die Ehe ist sehr glücklich, abgesehen von der Tatsache, daß der jüngere Sohn vor vier Jahren eine akute Nierenentzündung hatte und seither ständig kränkelt. Herr U. selbst hatte als Kind Kinderlähmung und hat ein verkürztes Bein zurückbehalten, weshalb er einen orthopädischen Schuh trägt. Er hat sich mit seiner Behinderung jedoch sehr gut abgefunden. Die Krankheit des Kindes ist recht tragisch, aber der Vater ist gefaßt, während die Mutter sehr mitgenommen ist. Er hat ein Auto und fährt seine Familie am Wochenende ins Freie.

Im Februar hantierte an seiner Arbeitsstelle ein Arbeiter ungeschickt mit einer elektrischen Leitung, und der Patient erhielt einen heftigen Schlag. Er wurde weggeschleudert, war eine Viertelstunde lang bewußtlos, kam dann wieder zu sich und erholte sich vollständig. Ich glaube, er wurde dann zum Betriebsarzt oder zur nächsten Unfallstelle gebracht. Vor zwei oder drei Wochen kam er zu mir und klagte über Schmerzen in der ganzen Brust vorn, im unteren Teil des Rückens, im rechten Bein und der rechten Hand. Er erklärte, die Schmerzen würden immer schlimmer.

Ich untersuchte ihn gründlich und stellte fest, daß eine organische Schädigung nicht vorlag, obwohl er glaubte, er hätte durch den elektrischen Schlag Schaden erlitten. Da er sich große Sorgen zu machen schien, schlug ich vor, auch noch einen Spezialisten zu fragen, womit er einverstanden war. Gestern abend kam er nun wieder und brachte die Untersuchungsbefunde mit. Der Brief der Klinik an mich besagt, daß man nichts habe finden können und daß man den Patienten einem Psychiater vorstellen wollte. Ich erklärte ihm, daß man nichts gefunden habe; er sagte, das sei doch merkwürdig, die Schmerzen wären schlimmer denn je. ›Die denken wohl, ich bilde mir etwas ein – ich weiß doch, was ich habe.‹ Nachdem wir ein paar Minuten sehr nett miteinander gesprochen hatten, sagte er: ›Ich muß mich wohl in der Klinik geirrt haben. Ich bin ernstlich krank und will doch gern wissen, wodurch alle diese Schmerzen verursacht wurden‹ … Ich sah nicht, was man weiter tun könnte und schlug ihm vor, nach einer Woche wiederzukommen, um die Sache durchzusprechen.

Wir wollen mit dem schon erwähnten Problem beginnen, nämlich daß der Patient dem Arzt eine Krankheit vorschlägt – ein sehr wichtiger erster Schritt in jeder Krankengeschichte … Ein schwerbehinderter Mann erlangt – mit Hilfe seines verständnisvollen Arztes – ein sehr befriedigendes seelisches und körperliches Gleichgewicht; möglicherweise unter hoher Anspannung seiner Kräfte und Überkompensierung seiner körperlichen Behinderung durch Leistung. Da erhält er unvermutet einen schweren elektrischen Schlag, der Bewußtlosigkeit und möglicherweise – in psychischer Hinsicht – noch etwas anderes bewirkt. Seine Reaktion ist die allmähliche Entwicklung von Schmerzen an der ganzen Vorderseite des Körpers …

An dieser Stelle setzt nun die Arbeit des Doktors ein. Getreu seiner Ausbildung beginnt er erst einmal, alle möglichen körperlichen Komplikationen auszuschließen, obwohl keinerlei diesbezügliche Anzeichen vorhanden sind. Schließlich geschah der Unfall im Februar und der Patient kam erst Ende Mai. Dennoch wird als erster Schritt der Chirurg befragt. Wie erwartet, ist das Ergebnis negativ und das Gewissen des Arztes von dieser Verantwortung entlastet. Er versucht nun, den Patienten zu einer zweiten Untersuchungsserie zu veranlassen, und zwar diesmal durch einen Psychiater. Was aber ist in der Zwischenzeit mit dem Patienten – und mehr noch in dem Patienten – geschehen? ... Was er bestimmt merkte, war die Mühe, die sich die Ärzte gaben, ihn zu überzeugen, daß ihm nichts fehlte, d. h., sein Vorschlag wurde zurückgewiesen. Als er mit dem Klinikbericht zu seinem Arzt zurückkam, war seine frühere vertrauende, freundliche Stimmung schwer erschüttert und der Musterpatient hatte sich in einen enttäuschten, mißtrauischen Mann verwandelt ...

Zur Zeit ist das medizinische Denken entscheidend beeinflußt von der Furcht, über möglichen seelischen Ursachen irgendeine körperliche Krankheit zu übersehen. Es sind für diese Furcht mehrere Gründe vorhanden ... Hier soll nur darauf hingewiesen werden, daß die Vernachlässigung einer möglicherweise seelischen Krankheit zugunsten des Nachweises, daß keine körperlichen Prozesse im Gange sind, genauso schädlich für den Patienten und sein künftiges Leben sein kann wie der gewöhnlich herangezogene umgekehrte Fall, die ausschließliche Konzentrierung auf psychische Zusammenhänge und dadurch bewirkte Vernachlässigung möglicher körperlicher Ursachen.

Vielleicht wäre die unerfreuliche Wendung zu vermeiden gewesen, wenn der Arzt zu seinem Patienten gesagt hätte: ›Meiner Meinung nach beruhen Ihre Beschwerden auf einer Art seelischer Nachwirkung des elektrischen Schlages, den Sie erhalten haben, und wir müssen in erster Linie an eine psychologische Untersuchung denken; andererseits möchte ich aber, um ganz sicherzugehen und jedes Risiko auszuschalten, doch auch eine klinische Untersuchung vorschlagen.‹ ...

Wenn der Patient nach einer Reihe sorgfältiger, gewissenhafter Untersuchungen erfährt, es fehle ihm nichts, dann erwartet der Arzt, daß der Patient erleichtert ist und sein Zustand sich sogar bessert. Wohl kommt auch dies oft vor, aber in einer ganzen Reihe von Fällen passiert gerade das Gegenteil, und die gewöhnliche Reaktion des Arztes auf diese so häufige und doch immer wieder unerwartete Reaktion ist unliebsame Überraschung und Entrüstung. Dies könnte vielleicht verhindert werden, wenn die Ärzte sich dessen bewußt wären, daß die Diagnose ›Ihnen fehlt nichts‹ keine Antwort auf die brennende Frage des Patienten nach einem Namen für seine Krankheit ist. ... Die Antwort ›Kein Befund‹ hat für den Patienten nur die Bedeutung, daß wir das, was ihn ängstigt und quält, eben nicht gefunden haben und deshalb nichts sagen können. So fühlt er sich im Stich gelassen und kann sich seine Schmerzen, Ängste und Entbehrungen nicht erklären, noch sie akzeptieren« (1976, S. 42 ff.).

Die grundlegende Bedeutung des praktischen Arztes und heute des Internisten wird in diesem Beispiel klar. In der Regel kommt er als erster in die Lage, die »Angebote« des Patienten aufzugreifen oder abzulehnen, sie diagnostisch zu erfassen oder sie zu übersehen, sie mißzuverstehen oder zu verstehen, sie als überwiegend psychisch oder als somatisch bedingte Erkrankung zu definieren. Freilich wird das »Entweder-oder-Modell«, entweder psychisch oder somatisch, zahlreichen Erkrankungen nicht mehr gerecht, die sich auf einem in sich komplexen Kontinuum von seelischen und körperlichen Vorgängen bewegen.

Die gegenseitige »Sprachverwirrung«, zu der es so oft zwischen Arzt und Patient kommt, hat kurzfristig den Vorteil, daß die zugrundeliegenden oder begleitenden seelischen Konflikte unangetastet bleiben. Sie zu berühren, sich mit ihnen auseinanderzusetzen, wäre schmerzlich. Der kurzfristige Vorteil, den das Vermeiden bietet, hat einen hohen Preis, was sogar wörtlich zu verstehen ist: kostspielige, therapeutisch oft unergiebige, nicht selten seelisch und körperlich belastende Spezialuntersuchungen einerseits und fortgesetztes, unverstandenes Leiden auf der anderen Seite. Ohne es bewußt zu wollen, haben sich Arzt und Patient auf eine Abwehrform geeinigt, die – überspitzt formuliert – lautet: »Körper und Seele, soziale Lebenssituation und Gesundheitsverhalten haben nichts miteinander zu tun.« Langfristig führen solche Übereinkünfte zu gegenseitiger Enttäuschung und Distanzierung, zu Mißtrauen und Skepsis oder zu heftiger, gegenseitiger Verstrickung. Unberücksichtigt bleibt häufig auch der psychologische Zusammenhang, daß die Wirkung eines Medikaments entscheidend durch die Qualität der Arzt-Patient-Beziehung verstärkt oder gemindert werden kann.

In letzter Zeit finden Mißtrauen und Enttäuschung über die medizinische Versorgung ihren Ausdruck in einer massiven, oft einseitigen Kritik am Berufsstand der Ärzte. Medizinkritische Bücher, in denen die Anwendung zahlreicher Medikamente hinterfragt und kritisch unter die Lupe genommen wird, werden zu Bestsellern, und bei öffentlichen Diskussionen in Fernsehen, Funk und Presse bleibt kaum ein gutes Haar an den Ärzten.

Hinzu kommt eine öffentliche Diskussion über die gestiegenen Kosten im Gesundheitswesen, deren Höhe die Grenze dessen erreicht hat, was als bezahlbar angesehen wird. Schließlich wird die Effizienz ärztlicher Versorgung in den Monsterbauten heutiger Großkliniken sogar von betriebswirtschaftlichen Fachleuten bezweifelt – von der menschlichen Wirksamkeit dieser kostenfressenden Einrichtungen ganz zu schweigen. Alle diese Faktoren zusammengenommen haben das Vertrauen in die ärztliche Versorgung nachhaltig geschwächt. Allerdings sind im Zuge der Verleugnung von Krankheit und Leid die Erwartungen und Ansprüche auf seiten des Patienten an den Arzt und des Arztes an sich selbst enorm gestiegen. Für beide entsteht daraus zusätzlicher Druck.

Im Rahmen der Balint-Gruppenarbeit ist an die alltäglichen Belastungen zu denken, unter denen gerade jüngere Ärzte in der Klinik arbeiten. Um den Druck solcher Belastungen psychisch zu überstehen, wird nur zu oft die massive Distanzierung von den Kranken notwendig. Petri hat den Klinikalltag im Zusammenhang mit seinen Balint-Gruppen für Klinikassistenten treffend beschrieben.

»Der meist aus behüteten Mittel- und Oberschicht-Familien stammende Klinikarzt kommt ohne berufliche Lebenspraxis in relativ jungen Jahren in die Klinik. Unvermittelt wird er dort mit den grausamsten Beschädigungen und Zerstörungen menschlicher Natur konfrontiert: mit entstellenden Verletzungen, verstümmelnden Amputationen, bösartig-zerfressenden inneren wie äußeren Neubildungen, Mehrfachbehinderungen, Verrücktsein, Selbstvernichtung, mit dem langsamen Sterben unter Schmerzen, Tränen, Blut und Erstickung, und zuletzt dem Tod. Der hier ausdrücklich realistisch formulierte Satz verdankt seine ›pathetische Wirkung‹ genau dem Verdrängungsprozeß, den der Klinikarzt vollziehen muß, wenn er die Realität dieses konzentrierten Leidens ertragen soll. Deswegen dürfte in der Rangfolge von Belastungen das konzentrierte Leiden, dem der Klinikarzt ausgesetzt ist, an erster Stelle stehen.

Eine weitere Belastung ist es, mit einem relativ geringen Erfahrungswissen bei gleichzeitig hoher Verantwortung schwere Krankheitsbilder zu behandeln. Oft ist der Arzt durch seine verantwortlichen Handlungen schuldhaft in Widersprüche verstrickt, z. B. in den Widerspruch von Heilung und Zerstörung oder in den Widerspruch von Lebenserhaltung und Zufügung langer Qualen. Der junge Klinikarzt ist weder fachlich noch psychologisch darauf vorbereitet, mit diesen objektiven Belastungen angemessen umgehen zu können. Seine noch labile Berufsidentität wird zusätzlich durch den Autoritätsdruck von Vorgesetzten und durch die wechselseitigen Abhängigkeiten vom Personal und von den Patienten mit all ihren Ansprüchen und Enttäuschungen bedroht.

Gegen diesen enormen emotionalen Belastungsdruck muß er eine starke Abwehrschranke entwickeln, um seine Ich-Stabilität zu erhalten. Ohne diese Abwehr würde sein Ich inflationiert von Angst-, von Scham- und Schuld-Gefühlen, von aggressiven und sadistischen Impulsen, von Kränkungswut, von Hoffnungslosigkeit, Trauer und Depression. Statt einfühlendes Verhalten, mitmenschliche Kommunikation und Identifikation mit dem Patienten zulassen zu können, muß er häufig in emotionale Distanz rücken und oftmals einen Ausweg in der Rationalität medizinischer Technologie suchen. Dabei wird das naturwissenschaftlich Meßbare zum Garant der Freiheit von bedrückenden Gefühlskonflikten. Andere Abwehrmechanismen wie Verleugnung, Zweckoptimismus, Dennoch-Humor, bisweilen Zynismus … dichten die Abwehrformation weiter gegen Gefühlseinbrüche ab« (1982 b, S. 6).

Das Ziel der Balint-Gruppe würde verfehlt, wenn wir die jeweils besonderen Bedingungen der beruflichen Situation und ihrer Auswirkungen auf die Beziehung zwischen Arzt und Patient, zwischen Helfer und Hilfesuchendem nicht berücksichtigten. Zweifellos wird in der Balint-Gruppe das Augenmerk immer wieder auf der zwischenmenschlichen Beziehung liegen, wie sie sich zwischen Helfer und Hilfesuchendem entfaltet. Deshalb muß der Blick für die Bedingungen und für den Rahmen, in dem dies geschieht, nicht verloren gehen, er kann sogar zum Gesamtverständnis entscheidend beitragen.

Zu Beginn einer Balint-Gruppe sollten sich Teilnehmer und Leiter untereinander bekannt machen und ausführlich ihre berufliche Situation und die sozialen Bedingungen, unter denen sie arbeiten, schildern. Dadurch weiß jeder in der Gruppe, in welchem Rahmen der einzelne arbeitet, welche Vor- und Nachteile, welche Belastungen und besonderen Schwierigkeiten damit jeweils verbunden sind. Der Rahmen, in dem ein niedergelassener praktischer Arzt arbeitet, unterscheidet sich beispielsweise erheblich von den Bedingungen, unter denen ein Arzt im Krankenhaus tätig ist, und ein Psychologe, der an einer Universität Studenten ausbildet, findet eine andere Situation vor als sein Kollege, der in einer Psychiatrischen Klinik beschäftigt ist.

Die Besonderheiten der beruflichen Situation und ihre Auswirkung auf die alltägliche Arbeit sind jeweils erst aufzuspüren und ausfindig zu machen. Denn unbewußter Konfliktstoff im Umgang mit Patienten und Hilfesuchenden manifestiert sich heute keineswegs ausschließlich in individuellem Verhalten, sondern ebenso in den sozialen Beziehungsformen am Arbeitsplatz. Im folgenden Beispiel aus der Arbeit mit Krankenschwestern und Pflegern kommt dieser Gesichtspunkt zur Geltung.

Krankenschwestern und Pfleger

Im Rahmen der beruflichen Ausbildung von Krankenschwestern und Pflegern hatte ich die Möglichkeit, an einer Krankenpflegeschule anstelle des psychologischen Unterrichts eine Junior-Balint-Gruppe durchzuführen. Beim Träger der Schule fand dieses Angebot anfangs große Resonanz und stieß gegen

Ende eher auf Skepsis, während sich die Schüler umgekehrt verhielten. Sie waren anfangs zurückhaltend und gegen Ende positiv zu dieser Art von »Psychologie – Kurs« eingestellt.

Am Gelingen der Arbeit waren also die Teilnehmer der Gruppe und der Träger der Schule, bzw. die Lehrschwestern, die über die Durchführung entschieden, beteiligt. Im Unterschied zu einem Unterricht, der ein inhaltlich eindeutig definiertes Faktenwissen vermittelt, geht es in der Balint-Gruppe darum, ein Verstehen der zwischenmenschlichen Beziehungen und ihrer Dynamik zu fördern. Dabei gibt es nichts auswendig zu lernen und zu behalten, sondern die persönliche Erfahrung, das in der Gruppe dargestellte Beispiel, die individuelle Beziehung zum Patienten bilden das Thema. Die besondere Situation »Balint-Gruppenarbeit an einer Krankenpflegeschule« führte zu einigen Abänderungen der üblichen Balint-Gruppenarbeit, die ich kurz aufführe.

1. Die Teilnahme an den Gruppensitzungen war nicht, wie in einer Balint-Gruppe üblich, freiwillig, sondern verpflichtend, da während der Ausbildungszeit alle an der Schule durchgeführten Kurse von den Schülern besucht werden mußten. Dies hatte zur Folge, daß wir vor Beginn zu einem Einverständnis über die Balint-Gruppenarbeit kommen mußten. Formal war dieses Einverständnis relativ schnell erreicht, da die Mehrzahl der Schüler den bisherigen theoretischen Psychologie-Kurs als praxisfern ablehnte. Im Verlauf unserer Arbeit zeigte sich jedoch, daß es immer wieder notwendig wurde, das genannte Einverständnis herzustellen, das gerade dann in Frage gestellt wurde, wenn über besonders unangenehme, ängstigende, peinliche oder traurige Situationen im Krankenhaus gesprochen wurde und so eine größere Nähe zur alltäglichen, persönlichen Arbeitssituation entstand.

2. Die Balint-Gruppenarbeit stand, wie schon erwähnt, im Kontrast zum übrigen Lernangebot der Schule. Der Balint-Gruppenarbeit entsprechend standen die subjektiv erlebte Beziehung und ihr unbewußter Anteil im Mittelpunkt. Von den Teilnehmern wie vom Gruppenleiter forderte dieses neue Lernziel Geduld und gegenseitiges Verständnis. Die Schüler mußten sich auf ein neues Ziel und auf eine neue Methode des

Lernens einstellen, die ihnen wenig vertraut war, während für mich als Leiter der Gruppe die Situation an einer Krankenpflegeschule ungewohnt war.

3. Das Alter der Teilnehmer und ihre besondere biographische Lebenssituation galt es zu berücksichtigen. Jugendliche und junge Erwachsene zwischen 16 und 20 Jahren, die im Rahmen ihrer Ausbildung gerade die Grundlage beruflichen Selbstverständnisses erwerben, unterscheiden sich von einer Gruppe erfahrener Berufspraktiker. Berufsanfänger sind oft in ihrer Arbeitssituation emotional stärker engagiert, sie sind in ihrem beruflichen Selbstverständnis relativ leicht zu verunsichern, sie stehen in einer Orientierungsphase und wissen noch nicht genau, was sie können und wo die Grenzen ihrer Kompetenz liegen. Ihrem eigenen Urteilsvermögen trauen sie oft weniger zu als dem ihrer Vorgesetzten. Zudem sind sie, ihrem Alter entsprechend, häufiger in Konflikte mit Vorgesetzten verwickelt als ältere Kollegen.

Innerhalb ihrer Ausbildung arbeiten Schwestern und Pfleger mehrere Wochen in einer Psychiatrischen Klinik – meist in einem Landeskrankenhaus. Die gewohnte pflegerische Tätigkeit nimmt dort nicht den Raum ein, wie es bei bettlägerigen, körperlich Kranken der Fall ist. Die Situation in einer Psychiatrischen Abteilung führt zu einer persönlichen Verunsicherung, weil das bisher Gelernte nicht in gewohntem Umfang angewandt werden kann und stattdessen andere, neue Anforderungen auf die Schwester und den Pfleger zukommen.

In der Balint-Gruppe berichtet Birgit irritiert über eine Patientin, die sich »völlig unverständlich verhält. Andererseits ist die Frau nicht dumm. Eines Morgens hatte ich mit ihr einen Zusammenstoß, der mich lange beschäftigte. Die Patientin hatte sich wohl nicht sehr geschickt angezogen und ich machte sie darauf aufmerksam.« Sie sei mit der Patientin in ihr Zimmer gegangen und habe mit ihr zusammen ein Kleid ausgesucht. »Völlig unerwartet warf sich die Frau aufs Bett, fing an zu weinen und beschimpfte mich lautstark. Sie sagte, daß wir ihr nur Böses wollen und daß keiner sie liebhabe. Kaum war sie angezogen, holte sie aus und verpaßte mir eine Ohrfeige. Ich taumelte ein wenig, womit die Frau wohl nicht gerechnet hatte. Kurze Zeit später kam sie weinend auf mich zu und entschuldigte sich.« Dann habe sie geschrien: »Hab' mich doch lieb« – »ich nahm sie in die Arme, und sie weinte wie ein Kind. Als sie etwas ruhiger wurde, sah sie mich fassungslos an und ging weg.«

Ratloses Schweigen in der Balint-Gruppe. Was ging in der Frau vor? Was hätte ich in dieser Situation gemacht? So die Fragen in der Gruppe. Das Verhalten der Patientin erscheint völlig unverständlich, besonders ihre rasch wechselnde Gemütsverfassung. Die gefühlshaften Reaktionen der Balint-Gruppe sind voller Sorge und Mitleid. Schließlich bemerkt Sigrid, ob wir die Patientin in ihrer seelischen Verfassung wie ein kleines, etwa ein- bis zweijähriges Kind verstehen könnten – sie selbst arbeite auf einer Kinderstation und fühle sich daran erinnert.

Durch diese Bemerkung taucht eine neue Perspektive auf und mit dem Vergleich wird nachvollziehbar, was mit einer schweren Form von Regression gemeint ist. In unserer folgenden Diskussion konnte nicht geklärt werden, warum und wie es bei dieser Patientin zu der regressiven Verfassung und dem abrupten Gefühlswechsel kam. Die Gruppe konnte jedoch erleben und zu einem Teil verstehen, welche Schwierigkeiten die Patientin und andere psychiatrisch Kranke mit Nähe und Distanz zu anderen Menschen haben, wie heftig ihre Gefühle werden und wie schnell sie wechseln können.

Andere Gespräche in der Gruppe hatten die Pflege von schwerstkranken oder chronisch kranken Menschen zum Thema, und es gibt für mich keinen Zweifel, daß Balint-Gruppenarbeit in der Aus- und Weiterbildung von Schwestern und Pflegern ein sinnvolles und wirksames Mittel ist, um die persönlich-psychologischen Fähigkeiten zu stärken und um den oft schwierigen, belastenden Umgang mit Kranken in einer humanen Form zu bewältigen.

Spezielle Gesichtspunkte

Für die Balint-Gruppenarbeit sind Besonderheiten zu berücksichtigen, wie sie sich aus dem Alter der Teilnehmer, aus der Art und dem Umfang ihrer beruflichen Erfahrung, aus ihren Motiven für die Teilnahme wie aus der Zusammensetzung einer Gruppe nach Männern und Frauen ergeben.

Ältere Teilnehmer verfügen meist über den Vorteil einer umfangreichen beruflichen und Lebenserfahrung. Dafür fällt es ihnen schwerer, sich auf neue Situationen einzustellen und eine über lange Zeit eingeübte Haltung aufzugeben. Jüngere Teilnehmer, z. B. Studenten, sind der neuartigen Gesprächssituation in der Balint-Gruppe gegenüber aufgeschlossen, sie kommen mit großem Engagement und dem Wunsch in die Balint-Gruppe, ihre hochgesteckten beruflichen Ziele zu verwirklichen, was sich nicht selten in der starken Neigung ausdrückt, die Balint-Gruppe in eine Selbsterfahrungsgruppe zu verwandeln. Damit gehen eine gewisse Unsicherheit und Suche nach Orientierung einher – Tendenzen, die in der Junior-Balint-Gruppe nicht unnötig forciert werden sollten.

Die Motive, die zur Teilnahme an einer Balint-Gruppe führen, kommen üblicherweise in der Gruppe nicht ausführlich zur Sprache. Dennoch sind sie wirksam. Grundsätzlich läßt sich unterscheiden zwischen dem eher unbewußten Wunsch, an einer Balint-Gruppe teilzunehmen, um dadurch ein Stück Psychotherapie zu erhalten, ohne sich als Patient erleben zu müssen, und dem überwiegend bewußten Motiv, in eine Balint-Gruppe zu gehen, um die persönliche, berufliche Kompetenz zu verbessern.

Für die Motivation der Teilnehmer spielt oft die Zugehörigkeit zu einer bestimmten Bezugsgruppe eine wichtige Rolle. So kann es für einen Kollegen, der in einer Einrichtung arbeitet, die psychoanalytisch orientiert ist und die Teilnahme an einer Balint-Gruppe unterstützt oder sogar erwartet, unter Umständen schwierig werden, sich dieser Norm zu entziehen, und er wird möglicherweise an einer Balint-Gruppe teilnehmen, um dieser Erwartung zu genügen. Umgekehrt kann es einem Mitarbeiter ergehen, der sich mit seinen tiefenpsychologischen Interessen in seiner beruflichen Umgebung isoliert sieht und durch die Teilnahme an einer Balint-Gruppe zusätzlichem Druck ausgesetzt ist. Die Frage nach der unterschiedlichen Motivation für die Teilnahme an einer Balint-Gruppe wäre noch ausführlicher zu untersuchen. Die Ergebnisse könnten sich positiv auf Auswahl, Durchführung und Ergebnis des Gruppentrainings auswirken.

Eine gewisse Rolle spielt in der Balint-Gruppenarbeit schließlich die Zusammensetzung der Gruppe nach Männern und Frauen. Eine ausgewogene Zusammensetzung ist sicher sinnvoll und wünschenswert, aber keineswegs immer möglich. Überwiegen Frauen oder Männer deutlich in der Gruppe, werden sich wahrscheinlich andere Formen von Rivalität und Konkurrenz in der Gruppe entwickeln, als dies bei einem ausgeglichenen Verhältnis der Fall ist. Wichtig erscheint mir, darauf zu achten, daß bei einer einseitigen Zusammensetzung der Gruppe bestimmte geschlechtstypische Konflikte und Probleme im Erarbeiten eines Fallbeispiels zu kurz kommen können, weil Frauen oder Männer in der Gruppe ungleich vertreten sind.

Eine relativ seltene Verwendung findet die Balint-Gruppenmethode heute zu Forschungszwecken, obwohl sie sich dazu besonders gut eignen würde. Die Balint-Gruppe wäre dazu in der Lage, qualitative Erkenntnisse und Einsichten hervorzubringen, die auf andere Weise nur schwer zu gewinnen sind. Balint selbst hat seine Gruppenmethode für die Untersuchung von Patienten, die langfristig mit gleichen Rezepten versorgt wurden, eingesetzt. Der englische Psychoanalytiker Max Clyne, einer der ersten Mitarbeiter von Balint, hat eine umfangreiche Studie über Patienten, die den Arzt im Notfall bei Nacht rufen, durchgeführt. Diese Untersuchung kam über die Balint-Gruppenarbeit mit seinen Kollegen zustande.

Schließlich wurde in einer Balint-Gruppe mit Dermatologen das Krankheitsbild der perioralen Dermatitis und das psychodynamische Konfliktgeschehen dieser Patienten untersucht (vgl. Thurn). Aufschlußreich und interessant wäre aller Voraussicht nach gerade die Untersuchung von psychosomatischen Erkrankungen durch die Balint-Gruppe. Die Balint-Gruppe als Forschungsmethode im engeren Sinn beschäftigt sich also mit einem vorher definierten Beziehungs- und Krankheitstypus, der dann intensiv und über einen längeren Zeitraum von mehreren Jahren anhand der Fallbeispiele in der Gruppe untersucht wird.

Durch die enge Verknüpfung mit der alltäglichen Berufspraxis hat die Balint-Gruppe als Form der Vermittlung tiefenpsychologischer Erkenntnisse den unschätzbaren Vorteil, daß sie ständig an den Interessen und Bedürfnissen ihrer Teilnehmer anknüpft und dadurch den Bezug zur Praxis nicht aus dem Auge verliert. Andererseits kommen die Teilnehmer der Gruppe durch die Anwendung der psychoanalytischen Methode und durch das Training in der Gruppe zu Erkenntnissen und zu neuen Fähigkeiten, die ihre berufliche Praxis verändern und erweitern.

V. Wie arbeitet eine Balint-Gruppe?

Die Methode

Das wichtigste methodische Element der Balint-Gruppe ist der freie Bericht über ein Fallbeispiel. Frei heißt, daß weder Aufzeichnungen noch andere Hilfsmittel für die Darstellung in der Gruppe verwendet werden. Frei bedeutet auch möglichst unbefangen sodaß auf diese Weise jeweils ein umfassender Bericht über die gefühlsmäßigen Reaktionen auf den betreffenden Patienten und über das eigene Mitbeteiligtsein erfolgen kann. In modifizierter Form, eingegrenzt und bezogen auf die zwischenmenschliche Beziehung im Beruf, wird in der Balint-Gruppe die analytische Grundregel, alles mitzuteilen, was den Teilnehmern einfällt, und die Aufforderung zur freien Assoziation angewandt.

Der freie Bericht über einen Fall soll, darin vergleichbar mit der analytischen Situation, möglichst wenig ausgewählt, vorbereitet, strukturiert sein und alle die Empfindungen und Gedanken einschließen, die zunächst als abwegig und unpassend, schmerzlich oder peinlich und anstößig erscheinen könnten. Diese Art des Berichtens steht in völligem Kontrast zum Typus eines Berichts oder einer Anamnese, die festgelegte Merkmale erfaßt. Der freie Bericht hat den Vorteil, daß dadurch eine Gesprächsatmosphäre in der Gruppe gefördert wird, in der die freien Einfälle und Ideen, die unfrisierten Gedanken und ungeschminkten Kommentare leichter ans Licht gelangen können.

Analog zu den freien Einfällen in der analytischen Psychotherapie, die dort zusammen mit dem Traum, den Fehlleistungen und den Übertragungsphänomenen den Zugang zum Unbewußten eröffnen, stellt in der Balint-Gruppe der freie Fallbericht mit den Assoziationen und Gefühlen, die er in der Gruppe auslöst, das Material dar, das den Kontakt zum Unbewußten möglich macht. Das Mitteilen der freien Einfälle, Gedanken und Phantasien geschieht jedoch nicht völlig willkürlich, sondern ist zugleich mit der Aufgabe verbunden, sich in den Berichtenden und seinen Klienten einzufühlen. Über Identifikationen mit dem Berichtenden und seinem Klienten geschieht dies relativ schnell, da in der Regel alle Mitglieder der Gruppe sich auf diese Weise innerlich beteiligen – auch diejenigen, die schweigsam sind und sich scheinbar aus dem Gruppengespräch zurückziehen.

Die Einfälle und Reaktionen der Teilnehmer werden also systematisch auf den Fall bezogen. Über ein allmählich sich in der Gruppe entwickelndes Verständnis der Einfälle und Reaktionen als Gegenübertragungsreaktionen, das durch die Beiträge und Deutungen des Leiters gefördert wird, entsteht ein neues Bild und eine neue Erkenntnis über den berichteten Fall. Die Relevanz und Stimmigkeit dieses Bildes wird in der Balint-Gruppe daran überprüft, daß am Ende einer Falldiskussion die Teilnehmer Voraussagen über den weiteren Verlauf des vorgestellten Beispiels machen. Durch die Aufgabe, eine Prognose zu stellen, wird die Phantasietätigkeit der Gruppe wieder eingeschränkt und eine realistische Einschätzung der weiteren Entwicklung unterstützt.

In der Balint-Gruppenarbeit wird immer wieder deutlich, wie wichtig es für die Gruppe und den Verlauf ihrer Arbeit ist, eine »freie Gesprächsatmosphäre« herzustellen, wieviel Zeit und Mühe dazu erforderlich ist. Als Psychoanalytiker erkannte Balint die Bedeutung der »freien Gesprächsatmosphäre«, wenn er schreibt: »Das Ziel sollte möglichst darin bestehen, eine Atmosphäre zu schaffen, in der jeder unbeeilt sich aussprechen kann, während die anderen mit frei flottierender Aufmerksamkeit zuhören, bei welcher auch eine Pause geduldet und jedem Zeit gegönnt wird, sich klar zu machen, was er wirklich meint und sagen will. Auch unerwartete Dinge können gelegentlich ohne affektiven Aufwand ausgesprochen und betrachtet werden, während ein andermal auch Gefühle wie Heiterkeit, Überraschung, Verlegenheit und selbst Schmerz frei gezeigt werden können. Aber welches auch immer die Reaktionen der Gruppe sein mögen, die im Berichterstatter wie bei den Zuhörern aufsteigenden

Affekte müssen akzeptiert und als Ausdruck unbewußter Prozesse, die durch den Bericht aktiviert wurden, bewertet werden« (1976, S. 415).

Dieses Ziel mag zunächst einfach erscheinen, in der Praxis ist es keineswegs einfach zu erreichen. Die Gesprächssituation in der Balint-Gruppe steht im Gegensatz und Kontrast zu konventionellen Gesprächen, und das Zeigen eigener (Gegenübertragungs-)Gefühle ist natürlicherweise mit Hemmungen und Widerständen unterschiedlichster Art verbunden. Gerade deshalb ist die gegenseitige Akzeptanz in der Balint-Gruppe so wichtig. Der Gruppenleiter dient hier, besonders zu Beginn der Gruppenarbeit, zweifellos als Beispiel und Modell. Er verfügt über einen Vorsprung, den er seiner Gruppe zur Verfügung stellt. Durch seine eigene psychoanalytische Ausbildung kennt er, abgesehen von einem gewissen Rest, seine Hemmungen und Widerstände und hat sie wenigstens zum Teil überwunden. Er kann freier reagieren und das Material aus Einfällen und Gedanken in der Gruppe ordnen und zur berichteten Situation in Beziehung setzen.

Die »freie Gesprächsatmosphäre« der Balint-Gruppe steht in enger Beziehung zu einer inneren Freiheit der Gruppenmitglieder. Das Zeigen und Mitteilen von verpönten, »unpassenden« Gefühlen und Gedanken in der Gruppe entspricht einer inneren Freiheit des Annehmens und Duldens solcher Regungen. In der Balint-Gruppenarbeit bildet deshalb das Aufgeben von Abwehrhaltungen eine wichtige Voraussetzung für das neu zu gewinnende Verständnis.

Balint wurde nicht müde, immer wieder zu betonen, wie wichtig die vertrauensvolle und freundliche Atmosphäre in der Gruppe ist, damit jeder Teilnehmer sich unbefangen äußern kann und, wie er sagt, »den Mut zur eigenen Dummheit« riskiert und gelegentliche Kritik an dieser sogenannten Dummheit ertragen kann (1955/56, S. 381). Dies gilt meiner Auffassung nach für den Leiter der Gruppe ebenso wie für die Teilnehmer. Die Gruppe wirkt hier stärkend und der einzelne Teilnehmer kann seine Fehler besser hinnehmen, wenn er sieht, daß die Fehler verstanden werden und es anderen ähnlich ergeht wie ihm.

Die gleichwertige Partnerschaft zwischen Spezialist und Praktiker ist sicher eine wichtige Hilfe dafür, um die genannte freie Gesprächsatmosphäre herzustellen. Wie kaum ein anderer Psychoanalytiker hat M. Balint hervorgehoben und praktiziert, daß der Lehrende immer auch Lernender und der Lernende seinerseits Lehrender ist. Das Prinzip der Gegenseitigkeit im Lehren und Lernen ist für die Balint-Gruppe grundlegend.

Diese Erkenntnis in die Praxis umzusetzen, fällt nicht immer leicht. Denn die konventionelle Rollenaufteilung in den wissenden Lehrer und Gruppenleiter und in die unwissenden, abhängigen Schüler und Teilnehmer ist im Alltag so weit verbreitet und schmeichelt noch dazu dem Narzißmus des Leiters, daß es schon einiger Mühe und Selbstüberwindung bedarf, sich aus dem traditionellen Schema von Lehren und Lernen zu lösen. Dabei sind es gerade die gegenseitigen Möglichkeiten des Lernens und Lehrens, die die Balint-Gruppenarbeit so lohnend machen und vor persönlicher Erstarrung und Besserwisserei bewahren.

In der Balint-Gruppe bringen Gruppenleiter und Teilnehmer unterschiedliche Kompetenzen ein, die nicht hierarchisch in ein »mehr oder weniger« geordnet werden können oder gar miteinander austauschbar sind. Der Balint-Gruppenleiter würde sich schnell überfordert sehen, wenn er den Beruf eines Seelsorgers und Theologen, eines praktischen Arztes oder eines Lehrers, einer Krankenschwester oder eines Sozialarbeiters ausüben sollte – und umgekehrt. Noch ein anderer Grund spricht für die gegenseitige Lernbeziehung in der Balint-Gruppe. In einer hierarchisch aufgebauten Lernsituation würde schnell die Neigung unterstützt, die Verantwortung für den Fall »nach oben«, an den Gruppenleiter, abzugeben. Genau das will die Balint-Gruppe verhindern. Jeder einzelne Teilnehmer soll darin unterstützt und bestärkt werden, seine Verantwortung zu übernehmen.

Der zweite entscheidende Kunstgriff Balints bei der Entwicklung seiner Gruppenmethode bestand darin, den freien Fallbericht wie den Inhalt eines Traumes anzusehen und die Reaktionen, Einfälle und Gedanken der Teilnehmer wie die freien Assoziationen zu diesem Traum zu verstehen und zu deuten (1976/1964, S. 401). Dieses wichtige methodische Element der Balint-Gruppe greift Wolfgang Loch (1969) auf. Vergleichbar mit der Einzeltherapie bekomme in der Balint-Gruppe der Fallbericht die Bedeutung einer Traumerzählung, während die Beiträge der Teilnehmer wie Assoziationen zu dieser Traumerzählung verstanden werden und damit als Wegweiser zu den unbewußten Trauminhalten dienen, bzw. zu den unbewußten Beziehungsmustern zwischen den Menschen, über die berichtet worden ist. Die Gedanken und freien Assoziationen zerlegen den Bericht in der Balint-Gruppe wie eine Art Prisma in die möglichen unbewußten Anteile. Diesen Prozeß analysiert der Balint-Gruppenleiter und stellt seine Deutungen und Schlußfolgerungen der Gruppe zur Verfügung.

Im fortschreitenden Verlauf der Gruppenarbeit werden die deutenden, psychoanalytisch verstehenden Funktionen, die anfangs überwiegend der Gruppenleiter einbringt, immer mehr von den Teilnehmern übernommen, die dabei ihr eigenes analytisches Verständnis entwickeln. Da jeder Mensch mehr oder weniger über eine psychologische Fähigkeit des Verstehens und Erklärens verfügt, gehört es zur Aufgabe des Leiters der Balint-Gruppe, an dem vorhandenen psychologischen Potential der Teilnehmer anzuknüpfen, es zu trainieren und weiterzuentwikkeln. Um dieses Lernen in Gang zu bringen, bedarf es besonders zu Beginn einer kompetenten Leitung. Wie die Methode der Balint-Gruppe praktisch angewandt wird, beschreibe ich in dem Abschnitt über den *Gruppenleiter*. Die besondere Lernsituation der Balint-Gruppe, die einerseits sehr viel weniger als eine übliche Lerngruppe strukturiert ist und andererseits mehr Struktur als eine therapeutische Gruppe aufweist, muß den Mitgliedern der Gruppe erst nahegebracht werden.

Wie entsteht die Gruppe?

Zu Beginn oder genauer gesagt vor Beginn einer Balint-Gruppe taucht die Frage auf, ob und gegebenenfalls wie die Teilnehmer für eine Gruppe zusammengestellt oder ausgewählt werden sollen oder wie sich eine schon bestehende Gruppe einen Leiter aussucht. Ebenfalls vor Beginn ist zu fragen, welche Vereinbarungen über die Zusammenarbeit zwischen Teilnehmern und Leiter getroffen werden und was sie beinhalten sollen.

Üblicherweise arbeiten die Teilnehmer einer Balint-Gruppe in demselben Beruf oder im gleichen beruflichen Feld. Eine gemischte Gruppe, z. B. aus Krankenschwestern, Pflegern und Ärzten, ist denkbar und sogar wünschenswert. Die interdisziplinäre Zusammensetzung könnte anregend und für die Zusammenarbeit förderlich sein. In der Praxis kommt sie selten zustande, weil die beruflichen Voraussetzungen als zu verschiedenartig angesehen werden und einseitiges Status-Denken dies verhindert.

Auswahlgespräch

Balint selbst fand die Teilnehmer seiner ersten Seminare über entsprechende Anzeigen in der Fachpresse. Als sich im Laufe seiner Arbeit herausstellte, daß der Anteil von Teilnehmern, der die Gruppe vor Beendigung verließ, relativ groß war, hatte er daraus geschlossen, daß die Motivation dieser Teilnehmer für ein dauerhaftes Engagement nicht stabil genug war oder die Interessenten etwas völlig anderes erwartet hatten. Deshalb ging er dazu über, ein spezielles Auswahl-Interview durchzuführen. In das Interview ging seine Auffassung über die Eignung eines Teilnehmers ein.

Die entsprechende Einschätzung in einem Auswahlgespräch hängt also zunächst vom Leiter der Balint-Gruppe, von seiner klinischen Erfahrung und von seiner persönlichen Einschätzung der Lernmöglichkeiten eines Teilnehmers ab. Ebenso verhält es sich für die drei Kriterien, nach denen Argelander vorschlägt, Auswahlgespräche zu führen: »Flexibilität des Charakters, Fehlen psychischer Gefährdung und Empathiefähigkeit« (1972, S. 100).

Das Kriterium der Empathiefähigkeit scheint mir für die Auswahl von Teilnehmern ungeeignet, da es ja gleichzeitig als eines der zu erreichenden Ziele der Balint-Gruppenarbeit anzusehen ist. In jedem Fall fließt in die Einschätzung der Teilnehmer durch den Gruppenleiter auch seine Selbsteinschätzung darüber ein, ob er sich in der Lage sieht, mit diesem oder jenem Teilnehmer konstruktiv zusammenzuarbeiten. Bei näherer Betrachtung zeigt sich, daß der Auswahlprozeß zwischen Leiter und Teilnehmer gegenseitiger Art ist und die künftigen Teilnehmer auch »ihren« Gruppenleiter auswählen.

Eigener Erfahrung nach ist ein kurzes, gegenseitig informierendes Vorgespräch vor allem deshalb sinnvoll, um bestehende Vorstellungen über die Balint-Gruppenarbeit und daran geknüpfte Erwartungen abzuklären und um Mißverständnisse über den Inhalt der Arbeit bei dieser Gelegenheit auszuräumen. Ein Interessent, der im Grunde eine Therapiegruppe und Hilfe für sich selbst, für seine privaten Probleme sucht, sollte ebenso wie derjenige, der ein theoretisches Seminar zur »Psychodynamik der zwischenmenschlichen Beziehungen« erwartet, von der Teilnahme an einer Balint-Gruppe abgehalten werden. In der Regel wird sich das in einem Vorgespräch klären lassen. Umgekehrt kann sich der künftige Teilnehmer ein Bild darüber machen, ob er mit diesem Balint-Gruppenleiter zusammenarbeiten will oder nicht.

Gruppengröße

Was die Größe der Gruppe betrifft, so herrscht weitgehende Übereinstimmung darüber, daß eine Balint-Gruppe in der Regel zwischen 6 und 12 Personen umfaßt. Die Erfahrungen in der Praxis sprechen dafür, daß die Ziele der Balint-Gruppe am besten in einer kleinen Gruppe zu verwirklichen sind, die eine entsprechend persönliche Gesprächsatmosphäre bietet.

Zwei erfahrene Balint-Gruppenleiter, Dämmig und Rechenberger, berichten sogar von einer Gruppengröße bis zu 45 Teilnehmern. Balint-Gruppenarbeit in einer Großgruppe von 30 und mehr Teilnehmern ist also möglich. Dennoch erscheinen mir aufgrund der besonderen psychodynamischen Grundproblematik der Großgruppe, vor allem wenn sie wenig strukturiert ist, die Möglichkeiten von Balint-Gruppenarbeit in diesem Rahmen eingeschränkt zu sein.

Eine andere Möglichkeit, mehr als zehn bis zwölf Interessenten an der Balint-Gruppenarbeit zu beteiligen, liegt darin, eine große Gruppe in eine kleine Innengruppe, die als Balint-Gruppe arbeitet, und in eine Außengruppe aufzuteilen, die sich als Beobachter beteiligt. Beide Positionen – in der Innengruppe und in der Außengruppe – bieten in sich verschiedene Lernmöglichkeiten des Teilnehmens und Beobachtens, die durchaus konstruktiv genutzt werden können. Eine Aufteilung dieser Art hatten wir aufgrund der großen Zahl von Interessenten bei unserer psychoanalytischen Gruppenarbeit mit Psychologie- und Medizinstudenten gewählt (vgl. Kutter, Roth, S. 109 ff.).

Bei solchen Aufteilungen kann es allerdings zu heftigen gruppendynamischen Spannungen zwischen beiden Gruppen kommen, die nicht immer einfach zu lösen sind. Die Balint-Gruppe bildet, wie wir es gesehen haben, ein paranoides Moment in ihrem Erleben und Verhalten aus, sie fühlt sich ständig beobachtet und kontrolliert und kommt dann zu einer feindseligen Haltung gegenüber den Beobachtern, während die Beobachtergruppe sich vom Kern, von der »guten Substanz« der Arbeit ausgeschlossen fühlt, sich als zurückgesetzt und wertlos erlebt.

Ich vermute, daß der günstige oder ungünstige Verlauf solcher Gruppenaufteilungen maßgeblich von der Einstellung und Haltung des Gruppenleiters zu diesem Verfahren abhängt. Ist er sich über sein Vorgehen unsicher, wird es wahrscheinlich zu Turbulenzen zwischen diesen beiden Gruppen kommen. Hält dagegen der Gruppenleiter eine Aufteilung für selbstverständlich und der Situation angemessen, werden die Teilnehmer diese Einstellung wahrscheinlich übernehmen.

Vereinbarungen

Notwendig und sinnvoll erscheint es in jedem Fall, vor Beginn der Balint-Gruppe eine Vereinbarung oder eine Art Vertrag zwischen Teilnehmern und Leiter über Art und Dauer der Zusammenarbeit festzulegen. Eine solche Vereinbarung bildet die Basis einer zuverlässigen Arbeitsbeziehung und stellt die notwendige Verbindlichkeit her.

Immer häufiger werden heute Balint-Gruppen in einer Institution (z. B. im Krankenhaus, im Heim, in einer beruflichen Fortbildung) durchgeführt, so daß die Vereinbarung nicht allein zwischen Teilnehmern und Leiter getroffen wird, sondern mit einem Dritten, dem Vertreter der Institution, zustandekommt. So kann die Teilnahme an der Balint-Gruppe freiwillig sein, und die Bezahlung erfolgt aus Einnahmen der Institution, oder die Teilnahme an der Balint-Gruppe ist im Rahmen einer Fortbildung verpflichtend, nachdem sich die Betreffenden für diese Fortbildung entschieden haben. Solche Formen der Vereinbarung sind deshalb zu beachten, weil damit unterschiedliche Ausgangsbedingungen verbunden sind und im Verlauf der Arbeit Loyalitätskonflikte besonderer Art entstehen können.

Jede Vereinbarung über eine Balint-Gruppenarbeit sollte Abmachungen über folgende vier Punkte enthalten:

1. Über den Inhalt der Gruppenarbeit: Die Beschäftigung mit Fallbeispielen aus dem beruflichen Alltag unter dem Schutz gegenseitiger Diskretion.
2. Der Ort, an dem sich die Gruppe trifft und der turnusmäßige Zeitpunkt, die Dauer der einzelnen Sitzungen sowie die gesamte Dauer der Gruppe.
3. Das Honorar.
4. Ausscheiden und Hinzukommen von Teilnehmern.

Die mündliche Form einer Vereinbarung wird sicher genügen, und es geht hier lediglich darum, daß überhaupt vor Beginn eine Abmachung getroffen wird. Was inhaltlich jeweils zu den vier genannten Punkten vereinbart wird, kann, den ersten Punkt ausgenommen, sehr verschiedenartig sein.

Die Verbindlichkeit einer Vereinbarung ermöglicht und fördert den Zusammenhalt und die Zusammenarbeit der Gruppe, Art und Inhalt der Vereinbarung wirken sich auf die Arbeitsatmosphäre in der Gruppe aus. Deshalb halte ich es für lohnend, sich dafür ausreichend Zeit zu nehmen und nicht unter Druck die organisatorischen Fragen zu regeln. Alle Beteiligten sollten dabei zu einem Ergebnis kommen können, in dem die unterschiedlichen Interessen in einer fairen Regelung berücksichtigt und so gut wie möglich ausgeglichen worden sind. Das kann Fragen der Terminwahl ebenso wie des Honorars oder die Wahl des Ortes für die einzelnen Zusammenkünfte betreffen.

Ein ausgesprochen ungünstiger Auftakt für die Balint-Gruppenarbeit ergibt sich dann, wenn einzelne Teilnehmer oder ein Teil der Gruppe zu dem Eindruck kommen, daß die getroffene

Vereinbarung bestimmte Interessen, etwa die des Leiters, einseitig berücksichtigt und die Wünsche anderer mißachtet. Aufgrund von Zeitdruck mag es zwar zu einer Übereinstimmung in der Gruppe kommen. Sie beruht jedoch nicht auf einer faktischen Übereinstimmung, die von allen Beteiligten gleichermaßen getragen wird. Wird beispielsweise ein Termin vereinbart, von dem ein Teilnehmer bereits weiß, daß er immer wieder Schwierigkeiten haben wird, ihn einzuhalten, so wird sich das aller Wahrscheinlichkeit nach auf den weiteren Verlauf der Arbeit störend auswirken.

Der Modus, nach dem eine Vereinbarung über die Zusammenarbeit getroffen wird, ist für das Klima und den weiteren Verlauf der Gruppenarbeit nicht zu unterschätzen. Wie sollte sich auch in der Balint-Gruppe eine partnerschaftliche, kollegiale Atmosphäre entwickeln können, wenn nicht bereits zu Beginn unterschiedliche Interessen als gleichwertig angesehen und beraten werden? Ist die Bereitschaft bei allen Beteiligten vorhanden, unterschiedliche Interessen zu akzeptieren und nicht voreilig als Widerstand gegen die künftige Arbeit zu interpretieren, so lassen sich oft schneller als erwartet zufriedenstellende Lösungen oder tragfähige Kompromisse finden.

Was den Ort der Treffen angeht, wird sich die Balint-Gruppe üblicherweise im Arbeitsraum des Gruppenleiters zusammenfinden. Doch können auch hier aus praktischen Gründen andere Regelungen sinnvoll oder erforderlich sein, etwa wenn weite Reisestrecken vorliegen. Wichtig scheint, daß der vereinbarte Ort konstant bleibt. Dies gilt auch für die anderen Punkte der Vereinbarung.

Gerade bei einer Gruppenarbeit, in deren Verlauf vieles offen und unstrukturiert bleibt, so daß sich in der Gruppe eine kreative Beunruhigung und Verunsicherung entwickeln kann, ist die Konstanz der äußeren Rahmenbedingungen wichtig und hilfreich. Diese Konstanz entspricht zudem einem berechtigten Bedürfnis nach Sicherheit und Kontinuität. Die Umstellung auf einen anderen Ort oder auf eine andere Zeit würde außerdem von den Beteiligten jeweils Energie und Aufmerksamkeit erfordern, die der Gruppenarbeit verlorengeht.

Der turnusmäßige Zeitpunkt und die gesamte Dauer der

Gruppe können natürlich jeweils verschieden geregelt werden. Gelegentlich ist beides auch von der Institution bereits vorgegeben. Üblich sind wöchentliche oder vierzehntägige Treffen von eineinhalb Stunden. In bestimmten Fällen, wenn die Anfahrt für einige Teilnehmer besonders langwierig oder wenn es aufgrund der Beschäftigungssituation einzelner Teilnehmer äußerst mühsam ist, einen wöchentlichen Termin zu finden, kann die Blockform mit mehreren Treffen einmal im Monat, z. B. Freitag abend und Samstag vormittag, angebracht sein. Wie auch immer die Vereinbarung getroffen wird, ist auch hier darauf zu achten, daß sie langfristig geplant und ohne wichtigen Grund nicht verändert wird, so daß sich jeder auf die Arbeit innerlich wie äußerlich einstellen kann.

Was die gesamte Dauer einer Balint-Gruppe angeht, so gilt ein Zeitraum von einem Jahr als Minimum. Häufig kommt die Arbeit im Verlaufe eines Jahres gerade erst in Gang, da es relativ lange Zeit erfordert, sich auf die neue Wahrnehmungs- und Arbeitsweise einzustellen. Ein Zeitraum von zwei bis drei Jahren wird von vielen als günstig angesehen. Einige wenige Balint-Gruppen treffen sich sogar fünf Jahre und länger. Doch stellt sich hier die Frage, ob die Teilnehmer nach so langer Zeit tatsächlich noch Neues dazulernen oder ob die Balint-Gruppe selbst zum Bestandteil eines Arrangements psychosozialer Abwehr geworden ist, in dem Abhängigkeitsbedürfnisse befriedigt, Idealisierungen unangetastet, unbewußte Schuldgefühle aufrechterhalten bleiben.

Für die Honorarvereinbarung gibt es verschiedene Modalitäten. Jeder Teilnehmer bezahlt einzeln seinen Beitrag, mit der Gruppe wird ein Gesamthonorar vereinbart oder ein Dritter, die Institution, regelt die Honorarfrage. Besonders im letzten Fall kommt ein Stück Anonymität und Unverbindlichkeit in die Beziehung zwischen Leiter und Gruppe, was sich zum Teil dadurch auffangen läßt, daß alle Beteiligten genau über die Honorarvereinbarung informiert werden.

Schließlich sollte eine Regelung über das Ausscheiden und über das Hinzukommen neuer Teilnehmer vor Beendigung der Gruppe festgelegt werden. Ein Teilnehmer, der die Gruppe verlassen will, sollte dies eine bestimmte Zeit im voraus mitteilen, und bevor ein neuer Kollege dazukommt, sollten Gruppe und Leiter darüber beraten. Die beschriebenen Vereinbarungen könnten als relativ formal oder unnötig angesehen werden. Tatsächlich sollen sie dazu dienen, die notwendige Verbindlichkeit in der Gruppe herzustellen und das gegenseitige Vertrauen zu stärken, um eine stabile und kontinuierliche Zusammenarbeit zu fördern.

Der Gruppenleiter

Wie geht der Gruppenleiter einer Balint-Gruppe vor, worin liegt seine Aufgabe? Dieser Frage möchte ich einen eigenen Abschnitt widmen, weil Rolle und Bedeutung des Leiters einer Balint-Gruppe immer wieder betont, darüber aber wenig geschrieben wird.

Dem persönlichen Verhalten und methodischen Vorgehen des Leiters einer Balint-Gruppe kommt besondere Bedeutung zu, weil er den Teilnehmern als Modell dient. Balint schreibt dazu: »Der vielleicht wichtigste Faktor ist das Verhalten des Gruppenleiters. Es ist kaum eine Übertreibung, zu sagen, daß er, wenn er die richtige Haltung findet, durch sein Beispiel mehr lehren kann als durch alles andere zusammengenommen. Schließlich beruht die von uns vertretene Technik ja auf eben der Art des Zuhörens, die die Ärzte von ihm erlernen sollen.

Wenn der Leiter jedem erlaubt, er selbst zu sein und auf seine Weise und im selbstgewählten Zeitpunkt zu sprechen; wenn er den richtigen Augenblick abwarten kann, d. h. nur dann spricht, wenn wirklich etwas von ihm erwartet wird; und wenn er seine Hinweise in einer Form gibt, die, anstatt den richtigen Weg vorzuschreiben, den Ärzten die Möglichkeit eröffnet, selbst einen richtigen Weg zur Behandlung der Probleme zu entdecken, dann kann der Leiter in der Jetzt-und-Hier-Situation veranschaulichen, was er lehren möchte« (1955/56, S. 371). Die analytische Art des vorurteilsfreien Zuhörens, die Ermutigung zur subjektiven Äußerung und Reaktionsweise sind wichtige Eigenschaften des Leiters einer Balint-Gruppe. Er sollte den Teilnehmern ermöglichen, durch eigenes Suchen und Forschen zu lernen, anstatt einen bestimmten Weg vorzuschreiben. Ebenso bedeutsam ist das Timing des Leiters, d. h. den passenden Augenblick für eine Deutung abzuwarten.

In einer umfassenden vergleichenden Studie über den Verlauf von Psychotherapien haben die amerikanischen Psychotherapieforscher Truax und Mitchell die Eigenschaften herausgearbeitet, die – unabhängig von der Zugehörigkeit zu einer bestimmten Schule – den erfolgreichen Psychotherapeuten kennzeichnen: »Akkurate Empathie, nicht-possessive Wärme und Echtheit« (1971, S.331). Die genannten drei Eigenschaften halte ich auch für den Balint-Gruppenleiter für wünschenswert. Er soll ein breit angelegtes, möglichst präzises Einfühlungsvermögen besitzen, er soll über ein hohes Maß an Akzeptanz verfügen, ohne damit andere einzuengen, und er soll in seinen Äußerungen echt sein und sich unbefangen mitteilen können.

Freilich handelt es sich hier um idealtypische, ideale Vorstellungen. »Zum Glück ist Vollkommenheit nicht nötig«, fügt Balint seinen Ausführungen über die Eigenschaften des Gruppenleiters hinzu. »Der Gruppenleiter kann ruhig Fehler machen – und tut es tatsächlich ziemlich oft – ohne viel Schaden anzurichten, wenn er Kritik zu den gleichen oder sogar noch etwas härteren Bedingungen hinnehmen kann, wie er dies von seiner Gruppe erwartet« (1955/56, S.383).

Tatsächlich ist die Bereitschaft des Leiters, Kritik anzunehmen und konstruktiv aufzugreifen, eine äußerst wichtige Eigenschaft, weil sie maßgeblich zu jener freien Gesprächsatmosphäre in der Gruppe beiträgt, von der schon die Rede war. Der Balint-Gruppenleiter praktiziert selbst den »Mut zur eigenen Dummheit«. Dadurch werden die Gefahren und die Kurzsichtigkeit vermieden, die eine fortdauernde Idealisierung mit sich bringt, in der »Gruppe und Leiter zu einem Verein gegenseitiger Bewunderung entarten, wo alles wunderschön ist und wir lauter nette, gescheite, vernünftige Leute sind« (1955/56, S.381). Mit dem Mut zur eigenen Dummheit zeigt der Balint-Gruppenleiter, daß auch er nicht ausgelernt hat. Er signalisiert damit seine Bereitschaft, von und in der Gruppe zu lernen.

Eine zentrale Aufgabe des Leiters einer Balint-Gruppe liegt – vor allem zu Beginn – darin, daß er seine psychoanalytische

Kompetenz in die Gruppe einbringt und die Teilnehmer sehen können, wie er sich selbst als Instrument der Wahrnehmung benutzt und zu einem Verständnis der unbewußten Beziehungsdynamik kommt. Vereinfacht gesagt, liegt die psychoanalytische Kompetenz darin, daß der Gruppenleiter eine bestimmte Methode und Technik anwendet, die aus der psychoanalytischen Therapie und Analyse stammen.

Einmal gehört dazu, daß der Gruppenleiter eine gewisse Abstinenz einhält. Was ist damit gemeint? Teilnehmer der Balint-Gruppe, die beispielsweise von ihm konkrete Ratschläge für ihre Arbeit erwarten oder ihn dazu auffordern, entschieden in der Diskussion für den einen oder gegen den anderen Partei zu ergreifen, sich darüber zu äußern, was richtig oder falsch sei, wird er in dieser Erwartung enttäuschen müssen. Als Voraussetzung für ein Verstehen unbewußten Geschehens wird der Balint-Gruppenleiter eine gewisse Neutralität einnehmen, um damit eine Offenheit für neue, überraschende, unpassend erscheinende, verpönte Gedanken und Reaktionen in der Gruppe zu erhalten.

Ein zweites methodisches Element psychoanalytischer Kompetenz liegt in der sogenannten »gleichschwebenden Aufmerksamkeit« des Analytikers. Sie bildet das Gegenstück zu den freien Einfällen der Teilnehmer. Mit gleichschwebender Aufmerksamkeit ist die Fähigkeit des Wahrnehmens und Zuhörens gemeint, die sich gleichmäßig und offen, ohne innere Wertung und Zensur, auf die unterschiedlichsten Phänomene und Mitteilungen, auf Nebensächliches und Wichtiges verteilt. Diese spezielle Art der Aufmerksamkeit widerspricht einer konventionellen Form des Zuhörens, die stets auf einen bestimmten Fokus gerichtet ist. Die gleichschwebende Aufmerksamkeit dient einer Offenheit nach außen, gegenüber anderen Menschen, wie auch der Offenheit nach innen, gegenüber den eigenen Regungen, Gedanken und Empfindungen. Die üblichen, auswählend selektiven Einstellungen und Filter unserer Wahrnehmung sollen durch das Prinzip der »gleichschwebenden Aufmerksamkeit« gleichsam unterlaufen werden.

Als drittes Element psychoanalytischer Kompetenz kommt schließlich hinzu, daß der Balint-Gruppenleiter versuchen wird, den Bericht über ein Fallbeispiel und das Gespräch darüber in der Gruppe als Übertragungs- und Gegenübertragungsgeschehen zu verstehen und entsprechende Formen des Widerstands zu erkennen. Er wird versuchen, das Hier und Jetzt des Berichts als ein Dort und Damals, als die Wiederholung und Neuauflage alter, unbewußter Konflikte zu verstehen. Konkret kommt dieses Verständnis des Gruppenleiters in seinen Interpretationen und Deutungen zum Ausdruck.

Was hier so abstrakt zusammengefaßt wurde, sind in Wirklichkeit komplexe Fähigkeiten und um die genannten Elemente und Regeln psychoanalytischen Vorgehens anwenden zu können, bedarf es in der Regel einer eigenen langjährigen Analyse und psychoanalytischen Ausbildung sowie einer umfangreichen praktisch-klinischen Erfahrung. In hohem Maße handelt es sich um eine Kompetenz, die an die Eigenart und Individualität der Person gebunden ist. Indem der Balint-Gruppenleiter seine persönliche analytische Kompetenz anwendet und einsetzt, bringt er gleichsam den analytischen Motor der Gruppe und das persönliche psychologische Vermögen jedes einzelnen Teilnehmers in Gang. Die Fähigkeiten des Leiters und die Aufgabe, die er wahrnimmt, werden im Verlauf der Gruppenarbeit zunehmend von den Teilnehmern selbst übernommen. Deshalb ist es auch durchaus denkbar, daß eine Balint-Gruppe nach einer gewissen Anlaufzeit ohne Gruppenleiter arbeitet und von einer selbst durchgeführten Balint-Gruppe ist mir bekannt, daß sie über ein Jahr ohne den Gruppenleiter offenbar mit Erfolg weitergearbeitet hat.

Um seine psychoanalytische Kompetenz einzubringen, wendet der Gruppenleiter eine bestimmte Technik an, die jedoch keineswegs einheitlich, sondern individuell verschieden ist. Einige Elemente dieser Technik gebe ich im folgenden wieder (vgl. Hellwig). Zu Beginn der Sitzung fordert der Leiter auf, einen Fall vorzustellen. Dabei achtet er auf eine detailreiche, möglichst getreue Wiedergabe aller verbalen Äußerungen und auf das nonverbale Verhalten. Die Forderung, eine Situation detailliert zu schildern, bedeutet auch, sie in ihren Feinheiten beobachten und erfassen zu können.

Der Bericht soll spontan erfolgen, Unmittelbarkeit und Wirklichkeitstreue sind entscheidend. Andere Balint-Gruppenleiter ziehen es vor, einen Fall nach dem Zufallsprinzip auszuwählen, also z. B. jeder 5. Patient in der Kartei eines Arztes. Während der Schilderung des Fallbeispiels versucht der Leiter, sich empathisch auf den Bericht einzustimmen und erste Informationen über die unbewußte Dynamik zu erkennen – wie z. B. Wiederholungen, Fehlleistungen, Auslassungen, emotional ausgeprägte Akzente und andere Reaktionen, die ihm auffallen.

An einer bestimmten Stelle stoppt der Leiter den Berichtenden, und die anderen Teilnehmer bringen ihre freien Einfälle und Assoziationen, das, was sie beim Zuhören fühlten und dachten, in das Gespräch ein. Ein Schritt, der für die Balint-Gruppe keineswegs einfach ist, da wir – als Spezialisten logischen Denkens – in aller Regel völlig verlernt haben, unseren freien Einfällen und unlogischen Gedanken überhaupt zu vertrauen.

Noch eine andere Regel wendet der Leiter an, die dazu führt, daß sich die Gesprächssituation in der Balint-Gruppe erheblich von einem konventionellen Gespräch unterscheidet. Direkte Fragen und Antworten zwischen Berichtendem und Zuhörern werden verhindert – wenigstens zu Beginn des Gesprächs. Fragen an den Berichtenden bleiben unbeantwortet und gehen an den, der sie stellt oder an die Gruppe zurück. Dadurch erhalten die gestellten Fragen eine andere Richtung, sie wenden sich von der äußeren Realität zur inneren Wirklichkeit. Es entstehen Vermutungen, Neugier baut sich auf, Interesse wird geweckt und durch das Verweigern konkreter Antworten gesteigert und zugleich nach innen gelenkt.

In der Gruppe entsteht eine Spannung, die die Phantasietätigkeit anregt, und die persönlichen Reaktionen auf den Bericht können zur Sprache kommen. Im gelungenen Fall kommt es zu einem Sprung von der äußeren, faktischen Realität zu einer inneren, psychischen Wirklichkeit. Das Unbewußte der Gruppenmitglieder kommt in Berührung mit dem unbewußten Thema, von dem berichtet wird. In diesem Abschnitt der Gruppenarbeit entsteht ein lebhaftes, kreatives Durcheinander, und die Aufgabe des Leiters liegt darin, die vielfältigen, unterschiedlichen Reaktionen der Teilnehmer zu registrieren und sie im Kontext eines unbewußten Sinnzusammenhangs zu verstehen.

Argelander empfiehlt den Berichtenden zeitig zu unterbrechen, um alle Teilnehmer gleichmäßig an einem analytischen Wahrnehmungsprozeß beteiligen zu können. »Wenn der Bericht zu lang wird, prägen sich individuelle Wahrnehmungsansätze aus, die zu verschiedenartig und individuell sind und häufig dem rivalisierenden Anspruch der Teilnehmer dienen« (1982, S. 168). Den Berichtenden schon nach relativ kurzer Zeit zu unterbrechen, scheint mir besonders hilfreich, um die Wahrnehmung für zunächst unwesentlich erscheinende Details zu schärfen und um zu zeigen, daß der Auftakt, der Beginn einer Begegnung oft die wichtigsten Informationen über ihren weiteren Verlauf und über das unbewußte Gesprächsthema enthält.

Die Regel des frühzeitigen Unterbrechens, oft schon nach wenigen Sätzen, wird anfangs in der Gruppe meist widerwillig aufgenommen. Allerdings würden bei einem Bericht in aller Ausführlichkeit und ohne Unterbrechung wichtige Details ebenso verlorengehen wie die persönlichen Reaktionen jedes einzelnen Teilnehmers auf die ersten Worte und Sätze des Berichtenden. Die Gruppe reagiert auf die frühe Unterbrechung irritiert, weil dadurch eine vertraute Gesprächsform nicht zustandekommt. Ähnlich reagiert die Balint-Gruppe auf die Regel, daß eine Frage-Antwort-Situation verhindert wird. Umso größer ist das Erstaunen nach fortgeschrittener Arbeit darüber, daß gerade die ersten Mitteilungen und die unbefangenen, frischen Reaktionen der Gruppe auf den Bericht besonders aufschlußreich für das Entdecken der unbewußten Beziehungskräfte in dem Fallbeispiel sind.

Durch die besondere Gesprächsform in der Balint-Gruppe, wie ich sie geschildert habe, werden die kreativen Ressourcen der Gruppe geweckt, und im gelungenen Fall kann eine breite Vielfalt von Einfühlungsfähigkeit zur Wirkung kommen, wie sie wahrscheinlich nur eine Gruppe besitzt. Außerdem wird durch dieses Vorgehen die Rivalität der Teilnehmer in konstruktiver Weise genutzt. Nach der Unterbrechung und nach der Diskussion in der Gruppe kann der Berichtende dann entweder fortfahren oder diejenigen Gedanken und Beiträge aus dem Gespräch aufgreifen, die ihm stimmig erscheinen oder ihn besonders angesprochen haben. Abschließend kommt es in dem Gruppengespräch zu einer Phase des Vereinfachens, in der erste Schlußfolgerungen gezogen und Hypothesen über die unbewußte Beziehungsdynamik in dem berichteten Fallbeispiel aufgestellt werden.

Zum Schluß werden die Teilnehmer aufgefordert, eine Prognose über den weiteren Verlauf der berichteten Beziehung aufzustellen, und die Gruppe erhält in einer der folgenden Stunden einen Nachtrag, d. h., es wird eine kurze Nachbesprechung angesetzt, in der die aufgestellten Prognosen überprüft werden. Anhand dieser nachfolgenden Diskussion können Berichtender und Gruppe sehen, wie genau und zutreffend sie sich in die geschilderte Situation einfühlen konnten.

Besondere Bedeutung kommt dem Tempo im Vorgehen des Leiters zu, und viele Lernstörungen in der Gruppe sind damit in Verbindung zu bringen. Der Balint-Gruppenleiter darf die Teilnehmer weder überfordern noch unterfordern, was ihre Möglichkeiten angeht, sich mit ihren Erfahrungen im Beruf psychoanalytisch auseinanderzusetzen. Gerade weil diese Auseinandersetzung Widerstände und Ängste weckt, ist es wichtig, daß der Leiter den Teilnehmern hilft, sich dessen bewußt zu sein, was sie bereits erreicht haben. Er darf ihnen nicht zu weit vorauseilen, wie Balint zu Recht betont, andernfalls schafft er eine Atmosphäre von überlegenen und unterlegenen Teilnehmern, in der das Unterrichten beginnt und das Training verkümmert.

Wollte man sich aus der Anzahl von Regeln und Eigenschaften, über die ein Balint-Gruppenleiter idealerweise verfügen sollte, auf eine wesentliche, persönliche Eigenschaft beschränken, so ist es meiner Auffassung nach eine Haltung, die sich dadurch auszeichnet, daß der Gruppenleiter sich den Teilnehmern unbefangen zuwenden und das, was sie berichten, vorbehaltlos annehmen kann – mag es noch so absurd und ungewöhnlich, ängstigend oder peinlich, schmerzlich, beschämend oder ekelhaft, komisch oder traurig, geringfügig oder schwerwiegend sein. Die Freiheit, mit der die Teilnehmer über ihre Arbeit berichten können, hängt entscheidend von der Freiheit und

Duldsamkeit ab, die der Leiter in die Gruppe mitbringt. Hinzukommen sollte eine umfassende Empathiefähigkeit, die mit der Fähigkeit verbunden ist, sich auch in spannungsreichen und unangenehmen Situationen relativ ungezwungen und frei mitteilen zu können.

VI. Widerstände

Die erfolgreiche Durchführung einer Balint-Gruppe erfordert einen längeren Zeitraum, weil im Verlauf dieser Arbeit verschiedene Hindernisse und Widerstände auftreten, die es zu überwinden gilt. Jene freie Gesprächsatmosphäre, die für eine Balint-Gruppe so wichtig ist, stellt sich keineswegs von selbst und sofort ein.

Geduldige Bemühungen sind notwendig, bis der Berichtende in der Gruppe frei und unbefangen sprechen kann und bis die Teilnehmer ebenso frei und spontan ihre Gedanken, Stimmungen und Gefühle mitteilen können. Sich seinen Einfällen und Gefühlen zu überlassen und zu äußern, was einem gerade in den Sinn kommt, fällt schwer, weil sich dabei unweigerlich eine innere Zensur einstellt, die gegen diese Art der freien Äußerung gerichtet ist. Außerdem wird unsere alltägliche Sprache von Konventionen und Regeln beherrscht, die während des Gesprächs in der Balint-Gruppe teilweise außer Kraft gesetzt werden sollen. Die Berührung mit unbewußten Vorgängen führt schließlich zu Reaktionen und Verhaltensweisen in der Gruppe, die sich als Abwehr und Widerstand verstehen lassen. Daraus ergeben sich für die Balint-Gruppe verschiedene Schwierigkeiten und Störungen.

Balint hat das Lernen, wie er es in seinen Gruppen beobachten konnte, in drei Phasen beschrieben. Er sprach von einer Phase des »Lernens«, von der Phase des »Verlernens«, und von einem Abschnitt des »Wiedererlernens« (vgl. 1968 a). Mit dem Lernen war zunächst die überraschende Entdeckung verbunden, daß die Teilnehmer ein Gefühl für die Beziehungskräfte zwischen Arzt und Patient bekommen und die Dynamik dieser Kräfte in ihrer therapeutischen Wirkung erkennen konnten. In der Phase des Verlernens, die sich mit dem Lernen durchaus überschneidet, geht es darum, daß tradierte Verhaltensweisen und berufliche Einstellungen aufgegeben oder in Frage gestellt, verlernt werden sollen, weil sie die Wahrnehmung unbewußter Vorgänge behindern.

Der Arzt verlernt seinen Glauben an die »traditionelle Diagnose«, der Lehrer verlernt die Auffassung, daß man alles lehren und lernen könne, usw. In dieser Phase wächst das Interesse an der zwischenmenschlichen Beziehung und an ihrem unbewußten Anteil, sie nimmt mehr Raum ein und wird Gegenstand neuer Einsichten und Erkenntnisse. Mit Verlernen ist also ein Aufgeben bestimmter Grundeinstellungen und Haltungen gemeint, die für einen Beruf typisch sind. In der Phase des Wiedererlernens geht es schließlich um die Frage, wie sich altes und neues Wissen miteinander verbinden und integrieren läßt, wie z. B. aus krankheits- und patientenorientierter Medizin eine ganzheitliche medizinische Auffassung werden kann.

Die Frage, wie das neu Erlernte in die alltägliche Praxis umgesetzt werden kann, erfordert besondere Aufmerksamkeit, wenn die neuen Einsichten nicht isoliert und ohne Bezug zum Alltag bleiben sollen. Balint war mit diesem Problem so sehr beschäftigt, daß er und seine Mitarbeiter aus der Arbeit in den Trainingsgruppen mit praktischen Ärzten regelrecht neue therapeutische Techniken entwickelten. Freilich stellt sich die Frage der Umsetzung und Integration des neu Erlernten in jedem Berufsfeld anders.

Das in der Balint-Gruppe neu gewonnene Verständnis zwischenmenschlicher Beziehungen soll in jedem Fall eine zusätzliche und nicht eine alternative Qualifikation darstellen. Denn das Ziel der Balint-Gruppe wäre verfehlt, wenn die Teilnehmer nach Abschluß der Gruppe ihren Beruf wechseln wollten, um Psychoanalytiker zu werden. Die Kunst besteht darin, der beruflichen Kompetenz eine zusätzliche, psychoanalytische Kompetenz hinzuzufügen und das grundlegende berufliche Selbstverständnis durch psychoanalytische Erkenntnis zu bereichern. Dieses Hinzufügen ist nicht so einfach, da sich aus neuem und altem Wissen Widersprüche für die Praxis ergeben, die nur durch eine integrative Anstrengung aller Beteiligten gelöst werden können.

Lernen, Verlernen, Wiedererlernen – in diesen drei Phasen läßt sich der Lernprozeß einer Balint-Gruppe zutreffend beschreiben. In bestimmten Abständen wird der Lernprozeß jedoch von Krisen und Störungen begleitet, die unterschiedliche Ursachen haben können. Solche Krisen sind in der Balint-Gruppe nicht selten. Krisen sind wahrscheinlich sogar eine Bedingung des Lernens in der Balint-Gruppe, und deshalb möchte ich sie hier ausführlicher behandeln.

Balint selbst beobachtete in seinen Gruppen gelegentlich Krisen, »wenn der eine oder andere Teilnehmer Schwierigkeiten hat, die volle Tragweite gewisser Angewohnheiten im Umgang mit Patienten einzusehen oder sich einige Seiten seiner Persönlichkeit, deren er sich bis dahin nur dunkel bewußt war, einzugestehen. Solche Krisen können jedoch überwunden werden, da sie gleichfalls Gruppenerfahrungen sind und nicht nur ein einzelnes Mitglied betreffen« (1976, S. 406). Wenn der Zusammenhalt der Gruppe gut und die wechselseitige Identifizierung ausgeprägt ist, dienen solche Krisen dem Fortschritt der Gruppe, und gemachte Fehler führen zu neuen Einsichten. Treten solche Krisen zu oft auf, »so ist dies ein Zeichen, daß das Tempo des Trainings zu hohe Anforderungen stellte und die Gruppe eine Zeitlang unter beträchtlichem Druck arbeiten mußte« (S. 407). Das Tempo oder das Anspruchsniveau der Gruppe ist eine häufige Ursache solcher Krisen.

Meiner Beobachtung nach lassen sich drei verschiedene Bereiche von Widerstandsformen und krisenhaften Störungen in der Balint-Gruppe beobachten:
1. Lernstörungen und Widerstand in der Fallarbeit.
2. Fallbezogenes Arbeiten oder Selbsterfahrung?
3. Der unbewußte Gruppenprozeß.

Lernstörungen und Widerstand in der Fallarbeit

Im Zusammenhang mit Lernstörungen in der Balint-Gruppe unterscheidet Rosin zwischen »Widerstand und Lernbarrieren«. Von Widerstand spricht er, »wenn Teilnehmer gegen Vereinbarungen, die die Zusammenarbeit in der Gruppe betreffen, verstoßen und wenn solche Krisen in der Kooperation eindeutig Ausdruck unbewußter Konflikte sind«. Lernbarrieren sind hingegen während der beruflichen Ausbildung erworbene Wahrnehmungseinstellungen und Auffassungen, die den Blick für die Dynamik der zwischenmenschlichen Beziehungen behindern oder einschränken. Hier geht es um solche Barrieren und Hindernisse, wie sie Balint mit der Phase des Verlernens beschrieben hat. An einem Beispiel will ich verdeutlichen, was gemeint ist.

In einer Gruppe von Psychologie- und Pädagogikstudenten berichtet ein Teilnehmer von der Vorbereitung seines Elternabends, zu dem er im Rahmen seiner Arbeit mit legasthenischen Kindern eingeladen hat. Bei der Gestaltung des Abends möchte er von der Idee ausgehen, »eine Struktur anzubieten, aber den Inhalt nicht festzulegen«. Dazu eignen sich seiner Auffassung nach besonders gruppendynamische Übungen. »Also da hänge ich z. B. zwei Zettel auf, da steht drauf: ›Ich erwarte von dem Abend, daß …‹ und ›Ich bin enttäuscht, wenn …‹. Dann sollen sich die Eltern Tesakreppstreifen mit ihrem Namen auf die Brust kleben und sollen für zehn Minuten Zweier- und Dreiergruppen bilden, die dann wieder wechseln, um sich auszutauschen … Den Abend teile ich in solche Einheiten zu zehn Minuten auf.«

Die Balint-Gruppe reagiert mit Gelächter, der Berichtende zeigt sich verunsichert. Den Zuhörern wurde in ihrer gefühlsmäßigen Reaktion die zwanghafte Entschiedenheit dieses Vorgehens deutlich, und schließlich gelang es zu verstehen, daß die vom Pädagogen so entschieden vertretene Idee, mit gruppendynamischen Übungen den Elternabend zu gestalten, an der Frage, die die Eltern und ihn tatsächlich beschäftigte, vorbeiging: »Wer erwartet von wem was und wer ist über wen enttäuscht, wenn …?«

Die Überzeugung, gruppendynamische Übungen seien in jedem Fall ein gutes Mittel für die Elternarbeit und würden für eine lebhafte Diskussion sorgen, stellte sich hier als störend heraus. Dadurch war der Blick für die Beziehung zwischen Eltern und dem Pädagogen verstellt. Die strikte Aufteilung des Abends sollte vor einem freieren Gespräch schützen, die enttäuschten Hoffnungen der Eltern verdeckt werden. Stattdessen sollten die Eltern selbst noch einmal mit Übungen angeleitet und »erzogen«

werden. Das Beispiel zeigt, daß die Überzeugung des Pädagogen, gruppendynamische Übungen sorgen in jedem Fall für einen lebhaften Elternabend, zum Hindernis wurde.

Wenn wir von einer anderen Lernstörung in der Balint-Gruppe sprechen, vom Widerstand, so ist zu bedenken, daß dieser Begriff aus dem Bereich der analytischen Psychotherapie und Analyse stammt. Die englischen Psychoanalytiker Sandler, Dare und Holder haben eine treffende Definition gefunden: »Während Widerstand ursprünglich als Widerstände des Patienten gegenüber Erinnern und freiem Assoziieren aufgefaßt wurde, ist der Begriff bald dahingehend erweitert worden, daß er sämtliche Hindernisse einschloß, die sich seitens des Patienten den Zielen und Wegen der Behandlung widersetzten. In der Psychoanalyse und in der psychoanalytischen Therapie werden Widerstände mittels Deutungen und anderen Interventionen des Analytikers überwunden. Form und Inhalt des Widerstands gelten heute als nützliche Informationsquellen für den Therapeuten« (S. 76).

Als Widerstand im engeren Sinn lassen sich alle diejenigen psychischen Kräfte verstehen, die sich gegen das Bewußtwerden von Unbewußtem richten – in der Balint-Gruppe also gegen das Bewußtwerden der unbewußten Beziehung zwischen Helfer und Hilfesuchendem. Weniger ausgeprägt als in der analytischen Einzeltherapie oder in der Analyse, aber doch deutlich spürbar, weckt auch in der Balint-Gruppe die Berührung und Konfrontation mit dem Unbewußten Wünsche und Ängste, die den bewußten Motiven des Helfers zuwiderlaufen. In der Gestalt von Widerständen kommen sie zum Ausdruck.

Widerstände können sich in der Balint-Gruppe außerhalb der Fallarbeit und während der Besprechung eines Fallbeispiels bemerkbar machen. Häufiges Wegbleiben von der Gruppe, so daß die Gemeinsamkeit des Arbeitsprozesses verlorengeht, ständige Verspätungen, permanente Auseinandersetzungen über organisatorische Fragen, die über längere Zeit hinweg fehlende Bereitschaft, einen Fall vorzustellen – kurzum solche Verhaltensweisen und Aktivitäten, die in ausgedehnter Form von der fallbezogenen Arbeit wegführen und ablenken, kommen als Ausdruck von Widerstand in Betracht. Wird der Widerstand zu massiv, muß er in der Gruppe gemeinsam untersucht und bearbeitet werden.

Am Beispiel einer Balint-Gruppe für Krankenschwestern und Pfleger läßt sich die Widerstandsform des Agierens und Ausweichens vor der fallbezogenen Arbeit verdeutlichen. Zu Beginn des Treffens sprachen einige Teilnehmer vorsichtig das Thema der Nachtwache an, und ich wurde mehrfach aufgefordert, doch während der Nachtwache einmal zu Besuch zu kommen, sozusagen eine Balint-Gruppe vor Ort zu machen. Anfangs reagierte ich auf diese Einladung unsicher, war dann aber nicht abgeneigt, sie aufzugreifen. Trotzdem lag mir daran, vor einer Entscheidung zu klären, was mit dieser Einladung tatsächlich gemeint war. Schließlich kamen wir nach einem längeren Gespräch in der Gruppe zu dem Ergebnis, daß dieser Vorschlag gleichzeitig davon wegführen sollte, hier und jetzt in der Gruppe über die Erlebnisse, über ein konkretes Beispiel aus der Arbeit während der Nachtwache zu sprechen. Später zeigte sich an den folgenden Beispielen, daß die Angst im Krankenhaus bei Schwestern, Pflegern und Patienten nachts viel größer wird als tagsüber und zahlreiche Aktivitäten dazu dienen, diese Angst zu bewältigen.

Widerstände können sich in der Balint-Gruppe auch während der Arbeit mit einem Fallbeispiel bemerkbar machen. Es kommt dann häufig dazu, daß niemandem mehr etwas einfällt, die Phantasietätigkeit der Gruppe förmlich erlahmt und zum Stillstand kommt. Oder die Gruppe kann mit dem Fallbeispiel nichts anfangen, der Berichtende hat wesentliche Informationen »vergessen«, und die Diskussion in der Gruppe führt zu inhaltlich rationalen Fragen und weg vom emotionalen Geschehen.

Während einer anderen Stunde in der genannten Balint-Gruppe mit Krankenschwestern und Pflegern kam die Sprache auf Suizid-Patienten. Die Teilnehmer reagierten anfangs nachdenklich und interessiert. Als schließlich eine Schwester konkret von einem Patienten erzählen will, wird sie zu meinem Erstaunen von anderen unterbrochen und praktisch an ihrem Bericht gehindert. Die Gruppe zeigt sich nahezu einhellig empört darüber, mit welcher Sorglosigkeit und sogar Verachtung Kolleginnen und Kollegen in der Klinik Suizidpatienten behandeln. Wir diskutierten eine Zeitlang allgemein über diese Verhaltensweisen, wobei deutlich wurde, daß die Diskussion von der konkreten Beschäftigung mit einem Patienten weit weg führte.

Auf meinen wiederholten Vorschlag, das Problem am Beispiel zu besprechen, konnte die Teilnehmerin schließlich von ihrem Patienten berichten. Im nachhinein zeigte sich, daß die Entrüstung über die Kolleginnen und Kollegen in der Klinik dazu diente, um sich von dem Gefühl eigener Hilflosigkeit bei der Pflege von Suizidpatienten zu entlasten und um von den Vorwürfen und Schuldgefühlen abzulenken, die im Umgang mit Suizidpatienten häufig auftauchen. Die auftretenden Widerstände in der Fallarbeit gilt es zunächst zu akzeptieren und sie im Zusammenhang mit der unbewußten Beziehungssituation zu erkennen. Die Widerstände werden sich in aller Regel in der Gruppe verstärken, wenn sie nur als Hindernis gesehen werden, das es möglichst schnell zu beseitigen gilt.

Fallbezogenes Arbeiten oder Selbsterfahrung?

Ein in der Balint-Gruppenarbeit häufig auftretendes Phänomen sind bestimmte Kräfte, die die Balint-Gruppe in eine Selbsterfahrungs- oder in eine therapeutische Gruppe verwandeln wollen. Diese Situation taucht offenbar so regelmäßig auf, daß es kaum eine Balint-Gruppe gibt, die sich nicht mit dieser Frage in der einen oder anderen Form auseinandersetzen muß. Fallbezogene Arbeit oder Selbsterfahrung – in zahlreichen Veröffentlichungen über Balint-Gruppen wird diese Frage erwähnt und mit dem einfachen Hinweis versehen, daß man beides voneinander abgrenzen und trennen müsse. Doch wie sieht die Situation in der Praxis aus? Wie kommt es überhaupt zu dieser Alternative? Warum soll aus der Balint-Gruppe eine Selbsterfahrungs- oder eine Therapiegruppe werden? Entspricht das den Wünschen der Teilnehmer oder des Leiters? Unterschiedliche Motive kommen hierfür in Betracht, die ich in zwei Gruppen aufteilen will: *Übertragungs- und Gegenübertragungsprobleme* und *Lockerung der Abwehr*.

Nach der ersten Anlaufphase, nachdem sich die Gruppe konsti-
tuiert und man gegenseitig Vertrauen gefaßt hat, bringen die
Teilnehmer einer Balint-Gruppe häufig solche Fallbeispiele ein
oder geraten bei ihrer Arbeit dort in Schwierigkeiten, wo das
Übertragungs- und Gegenübertragungsgeschehen mit eigenen
konflikthaften Bereichen der Persönlichkeit des Berichtenden in
Berührung gekommen ist. Die Einsichten, die ein Teilnehmer
dabei gewinnt, das Betroffensein über die persönliche Verstrik-
kung in eine Beziehung, die als ausschließlich beruflich angesehen wurde, die Selbsterfahrung und Selbsterkenntnis, die im gelungenen Fall damit verbunden sind, können weitergehende
Wünsche nach Selbsterfahrung oder sogar nach Therapie wek-
ken.

Nicht selten werden im Verlauf einer Balint-Gruppe für die
Teilnehmer eigene, unbewußte Motive des Helfens bewußt und
drängen dann naheliegenderweise zur Bearbeitung. Unbewußte
Schuldgefühle des Helfers, Wünsche nach Wiedergutmachung,
Schutz vor Einsamkeit und der Wunsch, gebraucht zu werden,
äusgeprägte Aggressionshemmungen, verborgene Geltungsbe-
dürfnisse und Allmachtswünsche können dazu gehören. Das
einst so positiv eingeschätzte Motiv des Helfens erscheint dann
in einem anderen Licht. Solche Einsichten führen verständli-
cherweise zu Irritation und Verunsicherung.

In begrenzter und indirekter Form ist es in der Balint-Gruppe
durchaus möglich, die eigene konflikthafte Beteiligung über ein
Verständnis von Übertragung und Gegenübertragung und durch
die analytische Beschäftigung mit dem Fallbeispiel zu bearbeiten. Die Balint-Gruppe kann und soll sogar dazu verhelfen, zwischen eigener Problematik und zwischen der des Patienten besser unterscheiden und beides voneinander trennen zu können.
Dies wird vor allem dann notwendig, wenn die Teilnehmer der
Gruppe besonders stark mit ihren Patienten oder Klienten unbewußt identifiziert sind. Auf dieser Grundlage bekommt die Erkenntnis über den Fall den Charakter einer Selbsterkenntnis. An
einem kurzen Beispiel läßt sich das verdeutlichen.

»Ich habe im Kopf klar, da sind viele eigene Anteile«, schickt der Kollege vorweg, ohne näher darauf einzugehen. Nach 22 Therapiestunden mit dem Pflegesohn Uwe müsse er ihn jetzt in ein Heim bringen. So wie er das sagt, wirkt es wie ein Eingeständnis des Scheiterns. Warum der achtjährige Junge ins Heim soll, wird nicht klar; offenbar deshalb, weil die Pflegemutter mit dem Kind nicht fertig wird. Das führte so weit, daß die Pflegemutter zu Hause mit der Begründung auszog, sie halte es nicht mehr aus. Der Junge fand sich daraufhin bereit, freiwillig in ein Heim zu gehen. Ja, und jetzt sei das Problem bei ihm.

»Ich kam mir vor wie einer, der ein mißgebildetes Kind vorführt«, schildert er seine Besuche mit Uwe in den verschiedenen Heimen und spricht selbst vom »Internat«, was in der Balint-Gruppe so verstanden wird, daß er versucht, aus dem Heim etwas Besseres zu machen. Von seinen Kollegen in der Gruppe wird er als »Seelenverkäufer« bezeichnet. »Das Heim, das am meisten bietet, bekommt ihn.« In dem folgenden Gespräch stellt sich heraus, daß er dem Jungen die Entscheidung darüber, daß er in ein Heim kommen soll, lange vorenthalten hatte, weil er selbst glaubte, dies doch noch verhindern zu können.

»Ich war wie vernagelt«, bemerkt der Berichtende resigniert und erzählt jetzt, daß er selbst Pflegekind war. Im Grunde falle es ihm heute noch schwer, das zu akzeptieren. Die Situation in der Balint-Gruppe ist jetzt spürbar entspannt, und gegen Ende räumt der Berichtende ein: »Vielleicht ist meine eigene Herkunft der Grund dafür, warum ich nicht wahrhaben wollte, daß Uwe in ein Heim muß.«

An diesem Beispiel wird der Anteil des eigenen Konfliktes zum Schluß des Gesprächs relativ deutlich ausgesprochen, wenn er auch nicht ausführlich in der Balint-Gruppe bearbeitet wird. Die Beziehung zwischen Uwe und seinem Therapeuten schien dadurch entlastet, aber auch verständlicher geworden, weil der Berichtende ein Stück Verleugnung über sein eigenes Herkommen aufgab.

In solchen Situationen ist meiner Auffassung nach die fallbezogene Selbsterfahrung in der Balint-Gruppe erforderlich und wünschenswert. Umgekehrt besteht nämlich die Gefahr, daß die ausschließlich fallbezogene Arbeit, die allein auf die Problematik des Hilfesuchenden und seine Übertragung ausgerichtet ist und jeden Anteil von Selbsterfahrung ausschließt, für eine versteckte Selbstbehandlung benutzt und mißbraucht wird. Die eigenen Probleme werden in den Hilfesuchenden projeziert, der Helfer stellt diesen Fall in der Balint-Gruppe vor und behandelt damit letztlich sich selbst.

Für den Anteil und Umfang von fallbezogener Selbsterfahrung in der Balint-Gruppe gilt, daß unter den Teilnehmern die Toleranz dessen, was in der Gruppe zur Sprache kommen und bearbeitet werden kann, sorgfältig zu berücksichtigen und zu respektieren ist, so daß keine Überforderung entsteht.

Die Abwehr lockert sich

Ein wesentliches Element der Balint-Gruppe besteht in der Arbeit mit den Phantasien und freien Einfällen, mit den Gedanken und Gefühlen der Teilnehmer zu dem vorgetragenen Fallbeispiel. Durch die Methode des freien Einfalls, durch das Auflösen einer konventionellen Gesprächssituation lockert sich die Abwehr der Teilnehmer. Es kommt zu einer partiellen, zeitlich begrenzten Form von Regression, zu einer »Regression im Dienste des Ich«, wie es Kris genannt hat. Sie hat den Zweck, einen Zugang und Kontakt mit eigenem und fremdseelischem unbewußtem Geschehen zu ermöglichen. Auch dabei können therapeutische Wünsche der Teilnehmer geweckt und bewußt werden, und es kann – im Sinne der wesentlichen, aber begrenzten Persönlichkeitsumstellung – zu quasi therapeutischen Wirkungen in der Balint-Gruppe kommen.

Um die Grenze zu einer therapeutischen Gruppe einzuhalten, ist entscheidend, daß die regressiven Phänomene in der Balint-Gruppe sich in engen Grenzen bewegen, worauf Rosin besonders hingewiesen hat. Die regressiven Tendenzen in der Gruppe, die sich oft als Wunsch nach Selbsterfahrung äußern, sollen stets auf die berufliche Situation bezogen und interpretiert und nicht als Übertragung in der Balint-Gruppe gedeutet werden. An folgendem Beispiel aus einer Balint-Gruppe mit Berufsschullehrern möchte ich zeigen, wie die regressive Tendenz zur Selbsterfahrung sinnvoll eingegrenzt und konstruktiv für die Gruppenarbeit genutzt werden konnte.

Die Balint-Gruppe, die sich aus fünf Lehrern, einer Lehrerin und mir zusammensetzte, zeigte häufig den Wunsch, eine Selbsterfahrungsgruppe zu bilden, und es fiel mir schwer, in dieser Situation eine Brücke zur fallbezogenen Arbeit zu schlagen. Zu Beginn der Stunde setzte sich G. unter Gelächter der anderen Teilnehmer demonstrativ auf den Stuhl, auf dem ich üblicherweise sitze. Als ich ihn bitte, einen anderen Stuhl zu nehmen, rückt er einen Platz weiter.

Dann folgen heftige Beschwerden und Proteste darüber, daß ich mich dagegen geäußert hatte, heute, zum letzten Treffen vor der Sommerpause, einen neuen Teilnehmer in die Gruppe einzuladen. In den vorhergehenden Stunden fehlten zwei Teilnehmer, und tatsächlich schien es wenig sinnvoll, in der letzten Sitzung vor einer längeren Unterbrechung einen neuen Kollegen in die Gruppe aufzunehmen. Wichtiger war in dieser Situation jedoch, daß ich im Handumdrehen als autoritärer Gruppenleiter dastand, der gegen die Interessen der Teilnehmer seine Wünsche durchsetzt und »das verhindert, was die Teilnehmer wollen«.

Der Vorschlag tauchte auf, ob man nicht einfach abstimmen und mich überstimmen könne, was jedoch schnell wieder verworfen wurde. Es folgte ein längeres Schweigen, dann einige resignierte, vorwurfsvolle Kommentare, man könne hier ja doch nichts machen, habe sich nicht zeitig genug darum gekümmert, den neuen Kollegen in die Gruppe zu holen. Meine Frage, ob sich die Situation in unserer Balint-Gruppe möglicherweise mit der Situation eines Kollegiums und seinem Direktor, mit einer Konferenz in der Schule vergleichen läßt, löst zunächst Erstaunen aus und wird dann aufgegriffen. »Im Grunde geht es uns in der Schule genauso«, bemerkt B. »Da versuchen wir erst einen Aufstand, und wenn er gescheitert ist, ziehen wir uns resigniert zurück.«

Schließlich berichtet W. von einer Situation in der Schule, die ihn sehr belastet. Er hatte sich für einen Schüler eingesetzt, der seiner Ansicht nach ungerecht benotet worden war, und sich dafür Sanktionen des Direktors eingehandelt. Mit diesem Beispiel, in dem die Beziehung zwischen dem Direktor und seinem Kollegen im Mittelpunkt steht, beschäftigen wir uns dann ausführlich. Es war also gelungen, die aktuelle, in Richtung Selbsterfahrung tendierende Gruppensituation auf eine entsprechende Berufssituation zu beziehen und zur fallbezogenen Arbeit zurückzukommen.

Andere Gruppensituationen, die ebenfalls eine starke Tendenz zur Selbsterfahrung haben, lassen sich meiner Erfahrung nach oft zur beruflichen Situation in Beziehung setzen. In einer Balint-Gruppe fehlen z. B. zu Beginn des Treffens drei Teilnehmer der Gruppe, ohne daß Gründe dafür bekannt sind. Eine gedrückte Stimmung breitet sich aus, keiner will etwas berichten. Der Leiter fragt sich, ob er die durch die fehlenden Teilnehmer hervorgerufene Gruppensituation ansprechen oder ob er zur Arbeit an einem Fallbeispiel direkt auffordern soll. Schließlich wendet er sich mit der Frage an die Teilnehmer, wie sie reagieren würden, wenn ihr Patient oder Klient nicht kommt. Aktuelle Gruppensituation und Berufssituation werden miteinander verknüpft und die in Richtung Selbsterfahrung steuernde Gruppe kommt zur fallbezogenen Arbeit. Ausführlich wurden in dieser Gruppe zwei Beispiele besprochen, in denen der Klient überhaupt nicht bzw. nicht zur vereinbarten Zeit kam.

In einer anderen Gruppe kam es dazu, daß ich über längere Zeit mehr oder weniger versteckt ständig in meiner Funktion als Gruppenleiter in Frage gestellt und für inkompetent erklärt wurde. Bald war klar, daß unsere Arbeit dadurch auf die Dauer unergiebig bleiben würde. Allerdings hatte ich gezögert, das Problem direkt in der Gruppe anzusprechen, um eine schon vorhandene Neigung zur Selbsterfahrung nicht noch zu fördern.

Schließlich bot es sich auch hier an, die Situation in der Balint-Gruppe mit der Frage an die Teilnehmer zu verknüpfen, wie es ihnen denn ergehe, wenn sie von ihren Klienten – so wie ich hier in der Gruppe – für unfähig und inkompetent gehalten würden. Tatsächlich spiegelte sich hier das Problem mehrerer Teilnehmer, die ihre eigenen beruflichen Fähigkeiten immer wieder in Frage gestellt sahen, und es folgte eine ganze Reihe von entsprechenden Fallbeispielen.

Wenn den Interessen und Wünschen nach Selbsterfahrung in begrenzter Form Raum gegeben wird und diese Wünsche nicht von vorneherein als störend und dem Ziel der Balint-Gruppe abträglich mißverstanden werden, stellt sich meiner Erfahrung nach heraus, daß die eingebrachten Konflikte in der Balint-Gruppe in einem engeren Zusammenhang zur beruflichen Tätigkeit stehen, als man erwartet hätte. Im übrigen entspricht dieses Vorgehen der Vereinbarung mit den Teilnehmern der Balint-Gruppe, die besagt, daß es sich primär nicht um Selbsterfahrung, sondern um die Bearbeitung zwischenmenschlicher Problemsituationen im Beruf handelt.

In einer Untersuchung über den Verlauf einer Balint-Gruppe mit Klinikärzten kam Petri zu einem ähnlichen Ergebnis (1982a). Es erwies sich in der Gruppe als notwendig und sinnvoll, auf charakteristische Eigenarten der beruflichen Ausbildung und auf die berufliche Umgebung »Krankenhaus« einzugehen. Für den Krankenhausarzt ist die berufliche Situation von der eines praktischen Arztes völlig verschieden. Die Möglichkeiten, im Krankenhaus patientenzentriert zu arbeiten, sind in hohem Maße von der Struktur dieser Institution abhängig bzw. eingeschränkt.

Die konzentrierte Konfrontation mit schwersten Formen menschlichen Leidens erfordert sogar eine außerordentlich hohe Abwehrschranke, um das eigene seelische Gleichgewicht aufrechtzuerhalten. Die Abwehr findet ihren Ausdruck in einer Flucht in die Arbeit, in Gefühlsabspaltung und Verleugnung von Gefühlen und in einer generellen Vermeidung von persönlichem Kontakt zu den Kranken. Lockert sich nun diese hohe Abwehrschranke durch die Teilnahme an einer Balint-Gruppe, so liegt es nahe und ist natürlich, daß die Teilnehmer Wünsche nach Selbsterfahrung einbringen und äußern, weil ihnen auf einmal eine Misere ihrer beruflichen Situation bewußt wird, die zuvor mit verschiedenen Abwehrformen bewältigt wurde.

Bei der näheren Untersuchung der Gesprächsinhalte seiner Balint-Gruppen kam Petri zu dem Ergebnis, daß etwa 66 % aller Gespräche fallzentriert waren und 34 % die Eigenproblematik betrafen (wie z. B. das berufliche Selbstverständnis, Schwierigkeiten mit Mitarbeitern und Autoritätskonflikte am Arbeitsplatz). Dieses Ergebnis zeigt, daß eine ausschließlich fallzentrierte Vorgehensweise in der Balint-Gruppe keineswegs immer möglich und sinnvoll ist, sondern Anteile von Selbsterfahrung notwendig sind, um das Ziel der Balint-Gruppenarbeit erreichen zu können.

Eine differenzierende Betrachtungsweise der jeweiligen Berufssituation der Balint-Gruppenteilnehmer ist hierbei durchaus hilfreich. Entscheidend ist, daß sich die Teilnehmer von dem Selbsterfahrungsanteil nicht überfordert fühlen, daß der Anteil von Selbsterfahrung zeitlich begrenzt bleibt und auf eine konkrete berufliche Situation bezogen werden kann. Unter diesem Gesichtspunkt stellt die Frage – fallbezogene Arbeit oder Selbsterfahrung? – keine Alternative, sondern eine sinnvolle Ergänzung dar.

Der unbewußte Gruppenprozeß

So wie sich in einer psychotherapeutischen Gruppe ein unbewußter Gruppenprozeß entwickelt, der den Gegenstand der therapeutischen Arbeit bildet, läßt sich auch in anderen Gruppenformen in abgeschwächter Form ein unbewußter Gruppenprozeß erkennen. Allerdings wird er hier nicht ausdrücklich thematisiert, er bleibt weitgehend unbeachtet. Von Psychoanalytikern wird der unbewußte Gruppenprozeß mit verschiedenartigen Konzepten beschrieben (vgl. Ohlmeier, 1975, Kutter, 1973). Die Gruppe als eine Analogie zur Familiensituation und der Gruppenprozeß als ein Medium, in dem unterschiedliche, entwicklungspsychologische Reifungsschritte von Kindheit und Jugend wiederbelebt werden, stellt ein weitverbreitetes und nützliches Konzept dar, um unbewußte Vorgänge in der Gruppe erfassen zu können.

In Arbeits- und Lerngruppen, die kontinuierlich über einen längeren Zeitraum zusammenkommen, ist eine typische Psychodynamik im Verlauf des Gruppenprozesses beobachtet worden. Sie führt von einer abhängigen Verfassung der Gruppe zu einer mehr oder weniger offenen Auseinandersetzung mit dem Gruppenleiter und einer Revolte gegen ihn bis zur Autonomie und einer selbstbestimmten Gruppenverfassung.

In der Balint-Gruppe wird der unbewußte Gruppenprozeß

am Rande beachtet und nur dann zum Gegenstand der Arbeit, wenn er so deutlich oder massiv in Erscheinung tritt, daß die fallbezogene Arbeit dadurch erheblich behindert oder gestört wird. So kann etwa zu Beginn einer Balint-Gruppe die Ängstlichkeit der Teilnehmer, sich mit einem Fallbeispiel in der noch als fremd erlebten Gruppe darzustellen, oder eine bestimmte Form von Abhängigkeit vom Gruppenleiter so ausgeprägt sein, daß keine fallbezogene Arbeit zustandekommt. Dann wird es notwendig, solche Phänomene in der Balint-Gruppe anzusprechen. Deshalb muß daraus noch lange keine psychotherapeutische Situation werden.

Auch hier bietet sich an, einen Bezug zur Berufssituation herzustellen. Wenn sich die Balint-Gruppe z. B. in ausdauerndem, passivem Schweigen ergeht und alle ihre Erwartungen auf den Leiter richtet, kann die Frage weiterführen, wie sich die Teilnehmer in vergleichbaren Situationen mit ihren Klienten verhalten und wie sie dort vorgehen würden. Nicht selten läßt sich dann die aktuelle Situation in der Balint-Gruppe an einem Beispiel aus der beruflichen Praxis der Teilnehmer verarbeiten.

Bei Beendigung einer Balint-Gruppe, in der Abschlußphase, sind die Teilnehmer ebenfalls emotional stärker mit dem unbewußten Gruppenprozeß und mit der Trennung von der Gruppe beschäftigt als mit ihrer beruflichen Situation. Das liegt nahe. Auch dann scheint es sinnvoll, dies anzusprechen und gegebenenfalls über die zurückliegende Arbeit Bilanz zu ziehen. Eine Beziehung zur beruflichen Praxis läßt sich auch hier herstellen: zu der Situation, in der die Arbeit mit einem Klienten beendet wird.

Gelegentlich kann sich, besonders in Junior-Balint-Gruppen, mit Teilnehmern also, die sich ihrerseits in der Ausbildung befinden, in der Gruppe ein ausgeprägter Wunsch nach Auseinandersetzung mit dem Leiter als Autoritätsperson bemerkbar machen. Eine fallbezogene Arbeit wird dann als reichlich gezwungenes Vorgehen erscheinen, und ein Bestehen darauf kann die unbewußte Dynamik des Gruppenprozesses sogar noch forcieren.

In der bereits erwähnten Balint-Gruppe mit Krankenschwestern und Pflegern hatte sich die unbewußte Dynamik der Gruppe häufig auf die Beziehungen zwischen Gruppe und Leiter gerichtet. Die Teilnehmer wollten den Raum anders möblieren oder die Gruppe ins Café verlegen, sie brachten ständig Eis und Süßigkeiten mit, so daß alle, ich eingeschlossen, mit diesen Aktivitäten beschäftigt waren. Durch eine Reihe von provokanten Verhaltensweisen versuchten die Teilnehmer eine entsprechend autoritäre Reaktion des Leiters hervorzurufen. Einige Zeit fühlte ich mich in dieser Situation ziemlich unwohl, weil von fallbezogener Arbeit keine Rede sein konnte und das Ziel unserer Arbeit zu entgleiten schien.

Die Situation war zweifellos über die unbewußte Dynamik des Gruppenprozesses zustande gekommen, auf den ich mich jedoch nicht einlassen wollte, da die Gruppe keine Selbsterfahrungsgruppe werden sollte. Schließlich ergab sich wieder eine Auflösung durch die Frage, ob die Situation in der Gruppe für die Teilnehmer vergleichbar sei mit ihrer Beziehung zu Vorgesetzten im Krankenhaus, wo sie sich möglicherweise bevormundet fühlten und ihre persönlichen Wünsche und Interessen zurückstellen mußten. Daraufhin folgte eine ganze Fülle von Beispielen, in denen Konflikte mit Vorgesetzten im Mittelpunkt standen, und die Arbeit an diesen Fallbeispielen stellte sich als besonders lohnend heraus. Auch ließ sich in der Gruppe eine gewisse Erleichterung feststellen, als die Rückkehr zur fallbezogenen Arbeit gelungen war, da dies der vereinbarten Aufgabe entsprach.

Meines Erachtens ist ein Abweichen von der streng fallbezogenen Arbeit zuweilen angezeigt. Dies wird dann notwendig, wenn der Druck interner, unbewußter Konflikte in der Balint-Gruppe so stark und die fallbezogene Arbeit derart behindert ist, daß eine Auseinandersetzung mit den unbewußten Spannungen und Konflikten in der Gruppe für die weitere Arbeitsfähigkeit erforderlich wird. In einer Gruppe mit Studentenberatern wurden zu Anfang unter massiver Abwehr von Gruppenkonflikten einzelne Fallbeispiele besprochen, dann folgte die Auseinandersetzung mit den zuvor abgewehrten Konflikten in der Gruppe, und abschließend wurden Konfliktsituationen der Beratergruppe mit der Institution Universität behandelt (vgl. Kutter, Laimböck, Roth).

Eine andere Form, wie sich die unbewußte Dynamik und Entwicklung der Balint-Gruppe ausdrücken kann, liegt in der Auswahl ihrer Fallbeispiele. Der unbewußte Gruppenprozeß spiegelt sich dann in der Auswahl der Fallbeispiele wider (vgl. Kutter, Roth, 1981, S. 107). Tatsächlich werden zu Beginn einer Balint-Gruppe nicht selten sehr schwierige, möglicherweise früh gestörte Patienten vorgestellt, bei denen gravierende Abhängigkeitskonflikte und Depressionen eine Rolle spielen. In dieser Auswahl kann eine entsprechend abhängige Verfassung der Balint-Gruppe zum Ausdruck kommen. Darauf folgen dann Fallbeispiele, denen eine zwanghafte Struktur und Thematik zugrunde liegt, bis hin zu einer breiten Vielfalt unterschiedlicher Beispiele, in denen eher ödipale Konflikte eine Rolle spielen.

Eine Balint-Gruppe mit Ärzten, deren Verlauf von ihren Mitgliedern (Bromberger, u. a.) anhand der besprochenen Fallbeispiele geschildert wurde, stand offenbar stark unter dem Einfluß der unbewußten Dynamik der Gruppe. Von der einseitigen Auswahl ausschließlich schwerster und für die Therapie äußerst unzugänglicher Patienten öffnete sich das Spektrum im Verlauf der Gruppenarbeit immer mehr, von Notdienstfällen über Psychotherapien bis hin zu zufällig ausgewählten Patienten. Hier liegt es nahe, davon auszugehen, daß die Auswahl der Fallbeispiele mit der unbewußten Dynamik des Gruppenprozesses in Beziehung stehen kann.

Ein keineswegs unbedeutender Einfluß auf den Gruppenprozeß kann vom Leiter der Balint-Gruppe selbst ausgehen. Aufgrund seines psychoanalytischen Vorsprungs, seiner eigenen psychoanalytischen Ausbildung und aufgrund seiner beruflichen Erfahrungen sollte dieser Einfluß gering sein. Störungen können jedoch vom Gruppenleiter beispielsweise ausgehen, wenn er in dominierender Weise ein eigenes Kompetenzproblem in die Gruppe einbringt, vergleichbar mit der Angst des Lehrers vor seinen Schülern oder der Angst des Arztes vor seinen Patienten. Ebenso kann sich die Angst vor Konkurrenz und vor dem Vergleich mit Kollegen störend auf den Gruppenprozeß auswirken.

Zu Beginn meiner Arbeit mit Balint-Gruppen kam ich in eine Konkurrenzsituation dieser Art. Ohne daß es mir bewußt war, suchte ich, was meine Fähigkeiten der Gruppenleitung anging, den Vergleich mit einem älteren, in der Balint-Gruppenarbeit gut bekannten Lehranalytiker. Schließlich kam mir eine Teilnehmerin meiner Gruppe »zu Hilfe« und äußerte bei einem Treffen, daß sie auch an der Balint-Gruppe von Herrn Prof. Z. teilgenommen habe. Die Gespräche dort seien aber bei weitem nicht so lebhaft und ergiebig gewesen wie hier. Erleichtert über den günstigen Vergleich, erkannte ich das eigene Konkurrenzproblem, mit dem ich mich oft unter Erfolgszwang gesetzt hatte.

Konkurrenzprobleme des Gruppenleiters, Dominanz- und Unterwerfungsrituale in der Balint-Gruppe können den unbewußten Prozeß beeinflussen und die Arbeitsatmosphäre in der Gruppe nachhaltig beeinträchtigen. Häufig werden solche Konflikte durch eine Idealisierung des Leiters und durch Projektionen eigener Über-Ich-Anteile der Teilnehmer auf den Gruppenleiter oder auf die Balint-Gruppe abgewehrt. Der Psychoanalytiker G. Heising hat in einer Untersuchung über die Psychodynamik der Supervision diese Problematik treffend analysiert. Die Auflösung der Idealisierung scheint mir für eine produktive und entwicklungsfähige Balint-Gruppenarbeit unerläßlich. Sie wird mehr oder weniger davon abhängen, inwieweit der Leiter eigene Schwächen zeigen und Kritik an seiner Person annehmen kann. Auch hier dient er als Vorbild und Modell.

Die Lernstörungen und Widerstände in der Balint-Gruppe habe ich ausführlicher beschrieben, obwohl sie in aller Regel nicht das Ausmaß einnehmen, wie es aufgrund meiner Schilderung erscheinen könnte. Ausführlicher habe ich sie deshalb dargestellt, um zu zeigen, daß sie kein Grund zur Entmutigung sein müssen, wenn sie auftreten. Vielmehr gehören sie zum Lernprozeß der Balint-Gruppe dazu. Die Überwindung von Lernstörungen und Widerständen sehe ich sogar als eine Notwendigkeit für das Lernen in der Balint-Gruppe an.

Das eigene Erleben und Verstehen solcher Störungen und Widerstände erleichtert es schließlich den Teilnehmern, solche Haltungen auch bei ihren Patienten und Klienten annehmen und verstehen zu können. Fallbezogene Arbeit und Anteile von Selbsterfahrung müssen sich keineswegs ausschließen und als unvereinbare Alternative die Balint-Gruppe polarisieren, sondern können sich als zwei Seiten ein und derselben Medaille ergänzen. Unabhängig davon kann es zu Situationen in der Balint-Gruppe kommen, in denen die Grenze zur therapeutischen Gruppe deutlich gezogen werden muß, indem der Gruppenleiter darauf hinweist und gegebenenfalls darauf besteht, daß ein persönlich-privates, therapeutisches Anliegen nicht in die Balint-Gruppe gehört.

VII. Das Spiegelungsphänomen

Definition und Forschungsergebnisse

In der englischsprachigen psychoanalytischen Literatur gibt es eine große Zahl von Arbeiten zur psychoanalytischen Supervision und Kontrollanalyse, in denen das Spiegelungsphänomen oder der Parallelprozeß beschrieben wird – Phänomene, die für die Balint-Gruppenarbeit höchst bedeutsam sind.

In der Supervision und Kontrollanalyse handelt es sich grundsätzlich um einen ähnlichen Prozeß, wie er in der Balint-Gruppe abläuft. Ein erfahrener Berufskollege, der Supervisor, betreut über längere Zeit einen jüngeren Kollegen, den Supervisanden, der ihm regelmäßig über seine Arbeit berichtet. Supervision und Kontrollanalyse finden meist in einer Zweierbeziehung statt, und haben wie die Balint-Gruppe den Zweck, die eigene Person kontrolliert und gezielt in einer therapeutischen oder helfenden Beziehung einsetzen zu können. Wenn wir von Supervision sprechen, muß zwischen verschiedenen Formen unterschieden werden. Hier ist von psychoanalytischer Supervision die Rede.

Erstmals befaßte sich der amerikanische Schizophrenieforscher und Psychoanalytiker Harold F. Searls im Rahmen psychoanalytischer Supervision mit dem Spiegelungsprozeß. Er entdeckte, »daß die Gefühle des Supervisors nicht Fremdkörper sind …, sondern hochinformative Spiegelungen der Beziehung zwischen Therapeut und Patient. Die Emotionen, die der Supervisor empfindet – einschließlich seiner privaten, subjektiven Phantasie und seiner persönlichen Gefühle über den Supervisanden –, enthalten oft eine wertvolle Klärung des Prozesses zwischen dem Supervisanden und seinem Patienten. Außerdem sind es häufig gerade diese Prozesse, die in der therapeutischen Beziehung zu Schwierigkeiten führten und die dem Supervisor nicht berichtet werden, weil sie vom Supervisanden unerkannt geblieben sind« (1955, S. 57). In einer These zusammengefaßt, ist damit folgendes gemeint: Die Beziehung zwischen Patient und Therapeut, zwischen Helfer und Hilfesuchendem, besonders der konflikthafte, unbewußte Anteil, spiegelt sich in der Beziehung zwischen Therapeut und Supervisor wider.

Bisher wurden emotionale Reaktionen des Supervisors entweder als zufällig oder als störend angesehen. Im Unterschied dazu empfiehlt Searls, der Supervisor solle sich darauf einstellen, daß die Gefühle, die er bei sich wahrnimmt, vor allem aus der Therapeut-Patient-Beziehung herrühren und meist vom Patienten selbst stammen. Die Erfahrung zeigt, daß es besonders Gefühle der Angst sind, die im Spiegelungsprozeß auftauchen. Dabei spielen unbewußte Identifikationen des Therapeuten mit dem Patienten und des Supervisors mit dem Therapeuten eine Rolle.

»Es sieht so aus«, schreibt Searls, »daß der Spiegelungsprozeß einsetzt, wenn in der Therapie ein Bereich der Persönlichkeit des Patienten berührt wird, in dem verdrängte oder dissoziierte Gefühle dem Bewußtsein bereits nahe sind, so daß der Patient gleichzeitig Zeichen von Angst manifest ausdrückt und abwehrt. Der Therapeut spürt dann angesichts der Angst des Patienten seine eigene aufkommende Angst im vergleichbaren Bereich seiner Persönlichkeit. Der Therapeut bewältigt jetzt, so scheint es, bei sich diese Angst, indem er sich mit der Angstabwehr des Patienten identifiziert oder indem er auf eine komplementäre Abwehrform zurückgreift.

Beispiel 1: Der Patient erlebt Verwirrung, der Therapeut erlebt ebenfalls Verwirrung – die Identifikation erfolgt mit der Angstabwehr. Beispiel 2: Die Angstabwehr des Patienten kommt in Beschuldigungen des Therapeuten zum Ausdruck, der Therapeut antwortet mit seiner komplementären Angstabwehr und fühlt sich schuldig. Nun kommt der Therapeut zur Supervision und der Supervisor bemerkt intuitiv …, daß der Therapeut mit der Angst und Angstabwehr, die er zeigt, unbewußt versucht mitzuteilen, was bei seinem Patienten vor sich geht – irgend etwas von der eigenen Angst des Therapeuten hindert ihn daran, dies bewußt zu beschreiben. Es ist so, als wollte der Therapeut unbewußt versuchen, dem Supervisor auf diese Weise zu erzählen, worin das therapeutische Problem liegt« (S. 173). Es sind also vor allem abgewehrte, verdrängte Gefühle aus der Beziehung zwischen Helfer und Hilfesuchendem, die sich in der Beziehung zum Supervisor spiegeln. Zu solchen Spiegelungen kommt es auch in der Balint-Gruppe.

Ähnlich wie Searls betonen andere Psychoanalytiker die Bedeutung des Parallel-Prozesses, wie sie es nennen, für das Lernen und die aktive Einsicht in unbewußte Vorgänge (vgl. Gross 1976, Ekstein u. Wallerstein, 1973). Mit Parallelprozeß ist nahezu dasselbe wie mit dem Spiegelungsphänomen gemeint. Der Parallelprozeß geht jedoch nicht allein von der Therapeut-Patient-Beziehung aus, sondern verläuft auch in umgekehrter Richtung von der Therapeut-Supervisor-Beziehung auf die Therapeut-Patient-Beziehung. An anderer Stelle haben wir dies als »umgekehrtes Spiegelungsphänomen« bezeichnet (vgl. Kutter, Roth, 1981, S. 107).

Die Beziehung zum Supervisor kann also dafür benutzt werden, um ein Problem des Patienten auszudrücken, oder der Patient wird dafür in Anspruch genommen, um ein Problem zwischen Supervisor und Therapeut darzustellen. Zweifellos ist es besonders hilfreich und führt zu einem optimalen Lernergebnis, wenn sich Supervisor und Therapeut, Balint-Gruppenleiter und Teilnehmer, die Spiegelungs- oder Parallelprozesse bewußt machen und sie imaginativ benutzen. Tatsächlich läßt sich in der Praxis der Balint-Gruppenarbeit das Spiegelungsphänomen immer wieder beobachten und wahrscheinlich ist es umso wirksamer, je stärker die Mitglieder der Gruppe sich mit den Personen im berichteten Fallbeispiel identifizieren.

Existenz und Wirkungsweise des Spiegelungsphänomens in der Balint-Gruppenarbeit und Supervision gelten heute unter Fachleuten als unumstritten. In einer Untersuchung von H. L. Muslin hat sich jedoch gezeigt, daß Spiegelungsphänomene nicht immer eindeutig auftreten und zu erkennen sind. Erfahrenen klinischen Psychotherapeuten wurden die Aufzeichnungen von Psychotherapiestunden und von den dazugehörigen Supervisionsstunden vorgelegt mit der Aufgabe, die Aufzeichnung der Supervision der entsprechenden Therapie zuzuordnen. Eine zu verlässige Zuordnung war jedoch nicht möglich, und dieses Ergebnis deutet darauf hin, daß sich die Therapeut-Patient-Beziehung nicht regelmäßig in der Beziehung zwischen Supervisor und Therapeut widerspiegelt. Dies gilt zumindest für den Beginn der therapeutischen Beziehung, denn es wurden jeweils die ersten zehn Stunden von Psychotherapien untersucht. In Balint-Gruppen habe ich beobachtet, daß das Spiegelungsphänomen selten zu Beginn einer sich formierenden Gruppe auftritt und ebenso selten in der Abschlußphase, da die Gruppe in diesem Abschnitt verstärkt mit ihren Problemen und Bedürfnissen beschäftigt ist, die mit der Gründung einer Gruppe oder am Ende mit der Trennung zu tun haben.

Für die Balint-Gruppe können wir festhalten, daß das Spiegelungsphänomen vor allem über Identifizierungen überwiegend unbewußter Art zustande kommt. Dabei ist grundsätzlich an verschiedenartige Identifikationsmöglichkeiten zu denken, die sich aus dem Fallbericht ergeben. Die Teilnehmer können sich mit dem Hilfesuchenden oder mit dem Helfer, sie können sich mit anderen, in dem berichteten Geschehen auftauchenden Personen oder mit bestimmten Aspekten von deren Persönlichkeit identifizieren. Die Diskussion in der Gruppe kann dadurch zu einer Vielseitigkeit und Farbigkeit führen, die sich in einem Gespräch zu zweit nicht so leicht herstellt. Die Mitglieder der Balint-Gruppe gehen von solchen Identifikationen aus und übernehmen vorübergehend einen Part in dem Fallbericht, so als würden – wie auf einer Bühne – in der Gruppendiskussion Rollen verteilt. Die Bedeutung dieser Identifikation für die Erkenntnis in der Balint-Gruppe liegt darin, daß sie häufig eine Identifikation mit den Abwehrvorgängen in dem jeweiligen Fallbeispiel darstellt.

Da die vollzogenen Identifikationen meist unbewußt vor sich gehen, muß das Spiegelungsphänomen in der Balint-Gruppe erkannt und gedeutet werden, andernfalls bleibt es unbewußt und kann für die Arbeit nicht genutzt werden. Erkennen Teilnehmer und Leiter den Vorgang der Spiegelung, was meiner Erfahrung nach keineswegs einfach ist, dann entsteht eine maximale Evidenz. Die unbewußten Beziehungsanteile zwischen Helfer und Hilfesuchendem leben gleichsam in der Balint-Gruppe wieder auf und werden vor allem in ihrer emotionalen Seite erlebbar und verständlich.

Über das Spiegelungsphänomen entsteht, wenn es herausgearbeitet wird, ein Optimum an Nähe und Distanz zur realen Beziehung zwischen Helfer und Hilfesuchendem. Einerseits ist diese Beziehung in ihrer physischen Form abwesend und in der Gruppe nicht präsent. Andererseits ist sie in ihrer psychischen Form in hohem Maße in der Gruppe präsent und anwesend. Aus diesem Grund ist die Arbeit mit dem Spiegelungsphänomen besonders lohnend.

Zwei Beispiele

Im ersten Beispiel handelt es sich um eine Balint-Gruppe mit Sozialpädagogen und Sozialarbeitern, die ihrerseits Praktikanten und junge Kollegen ausbilden. Die berichtende Kollegin hatte in einer zurückliegenden Stunde in der Balint-Gruppe über den Fall bereits erzählt, ohne daß wir zu einem befriedigenden Ergebnis gekommen waren. Sie berichtet über Wilhelm, einen jungen Kollegen, der zu ihr im Rahmen einer Praktikumsberatung kommt, um über seine Arbeit mit Jugendlichen zu sprechen, die er im Rahmen kirchlich organisierter Freizeit durchführt.

Die Jugendgruppe trifft sich mit Wilhelm einmal wöchentlich. Wiederholt äußert W. seine Befürchtungen, in der Praktikumsberatung bewertet zu werden. Deshalb fühlte er sich eingeschränkt und könne von seiner Arbeit nicht frei berichten. Außerdem suche er nach »objektiven Kriterien«, um seine Arbeit richtig zu beurteilen. Obwohl in der Balint-Gruppe bereits bekannt war, daß Wilhelm die Jugendlichen bis vor kurzer Zeit mit einem Freund zusammen betreute, der in der Folge einer schweren Erkrankung starb, geht unsere Diskussion lange an diesem gravierenden Ereignis vorbei, und wir kommen über allgemeine, rationale Überlegungen zum Thema »Bewertung« nicht hinaus.

Die Balint-Gruppe macht einen ausgesprochen hilflosen, müden und deprimierten Eindruck, und ich selbst fühle mich gelähmt. Inhaltlich wiederholen sich die Beiträge, eine gereizt-depressive Stimmung macht sich breit. Wilhelms Befürchtung, bewertet zu werden, wird als eine Angst vor Nähe angesehen, ein Problem, das er auch in seiner Gruppe mit Jugendlichen hat. Die Balint-Gruppe vermutet: Die Angst von Wilhelm, den Jugendlichen näherzukommen, hängt möglicherweise mit einer Befürchtung vor homosexuellen Tendenzen zusammen – die Gruppe besteht ausschließlich aus Jungen.

Das zentrale Thema, der Tod von Wilhelms Freund, kommt erst zur Sprache, als der Leiter auf die hilflos-depressive Stimmung in der Diskussion aufmerksam wird und massiv darauf hinweist, daß auch wir in der Balint-Gruppe davor zurückschrecken, über den Tod des Freundes und seine Auswirkungen auf die Gruppe der Jugendlichen zu sprechen. Die Balint-Gruppe hatte sich, der Leiter eingeschlossen, über eine bestimmte Zeit mit der Abwehr von Wilhelm und seiner Jugendgruppe identifiziert und den Tod seines Freundes ebenfalls verleugnet. Gleichzeitig war das abgewehrte Gefühl, die Hilflosigkeit und gedrückte Stimmung, in der Balint-Gruppe durchaus zu spüren.

Nachdem die Spiegelung erkannt war, bekam die Diskussion einen veränderten Charakter, sie wurde lebhafter, vielseitiger, und alle Beteiligten konnten sich jetzt sehr viel unbefangener mit dem schweren Verlust, den die Jugendgruppe erlitten hatte, beschäftigen. Die Angst, bewertet, beurteilt, verurteilt zu werden, wurde nun zutreffend und dem Geschehen viel näher als eine Angst vor Schuldgefühlen verstanden. Mit dem tragischen Verlust, so lautete jetzt unsere Vermutung, war ein Leiter der Jugendgruppe verloren, der für sie sehr wertvoll war. Die verzweifelte Suche nach »objektiven Kriterien« der Bewertung wurde schließlich als hilfloser Versuch, mit dem schweren Verlust fertig zu werden, und als Ausdruck heftiger Schuldangst verstanden.

Einige Wochen später gibt die Kollegin, die das Beispiel in die Balint-Gruppe einbrachte, einen Nachtrag und erzählt erleichtert, daß sich die Arbeit mit Wilhelm entscheidend verändert habe und seine Angst, von ihr bewertet zu werden, nun verschwunden sei. Wilhelm habe seinerseits offen über den Tod des Freundes und die Auswirkungen auf seine Gruppe sprechen können.

Die Spiegelung der abgewehrten Gefühle von Trauer und Schuld erfolgte in der Balint-Gruppe über eine unbewußte Identifikation mit der berichtenden Kollegin, mit Wilhelm und mit seinen Jugendlichen.

Anders verhält es sich in dem zweiten Beispiel. In einer Junior-Balint-Gruppe für Psychologie-Studenten berichtet Ulrike über eine psychiatrische Patientin, die sie seit mehreren Monaten mit großem Engagement betreut. In einer vorausgegangenen Diskussion zeigte sich in der Balint-Gruppe, daß Ulrike sich von der Patientin kaum distanzieren konnte, sich von ihr immer wieder überfordert fühlte und dadurch unter einen starken Druck von Ansprüchen und Schuldgefühlen geriet. Der Patientin war es unbewußt gelungen, aus der Psychologin eine ihrer Verbündeten im Kampf gegen »das böse Leben« zu machen.

In dem folgenden Bericht stellte sich heraus, daß U. das enorme Mißtrauen der Patientin gegenüber ihrem Hausarzt, der eine Kur in einem Sanatorium beantragt hatte, vorbehaltlos teilte. In einem Brief der Krankenversicherung erhält die Patientin einen entsprechenden positiven Bescheid. Voller Vorwürfe gegen Arzt und Versicherung lehnen beide, die berichtende Psychologin und die Patientin, die Kur ab. Sie gehen davon aus, daß da »ein Verwaltungsbeamter über die Verfügung der Kur entscheidet: wo und wann welche Kur durchgeführt wird; daß es da einfach Listen gibt, und wenn ein Platz frei ist, rücken andere nach ...« Deshalb hatte sich Ulrike entschlossen, mit der Patientin zusammen einen Antwortbrief an die Versicherung zu schreiben.

In der Balint-Gruppe werden anfangs die Vorwürfe und Anklagen der beiden zuerst noch verstärkt. Alle scheinen sich in ihrem Mißtrauen einig. Schließlich geht ein Teilnehmer auf Gegenkurs und sagt: »Ich könnte nicht mit Dir reden, wenn ich bei der Verwaltung der Versicherung wäre. Du identifizierst Dich zu sehr mit dieser Frau. Das ist ja so, als ginge es dabei um Dich.« Ulrike reagiert auf diese Bemerkung betroffen und verteidigt sich heftig, die Spannung in der Balint-Gruppe steigt. Schließlich räumt sie aber doch ein, daß sie sich gegenüber der Autorität der Institution befangen fühle. Jetzt nimmt das Gespräch eine Wende, wird vielseitiger, entspannter, ist nicht mehr so uniform, mißtrauisch-paranoid gefärbt.

In diesem Beispiel verlief die Identifikation der Teilnehmer nicht so eindeutig und einheitlich mit der Abwehr der Patientin und ihrer Betreuerin, die alles Unangenehme und Böse auf Arzt und Versicherung projektiv abwälzen wollten. Ein Teilnehmer hatte sich mit dem Angegriffenen identifiziert und die Abwehr in der Gruppe dadurch unterbrochen.

VIII. Eine technische Innovation

Im Laufe meiner Arbeit mit Balint-Gruppen stellte sich mir die Frage, ob es Mittel und Wege gibt, die Diskussionen und Gespräche in der Gruppe intensiver für das Lernen des einzelnen nutzen zu können. In den Falldiskussionen entstand während der Suchbewegungen und während des Entdeckens aus dem Augenblick heraus oft ein erstaunlich klares, emotional dichtes und prägnantes Bild über die berichtete Beziehung, das eine ganze Fülle von aufschlußreichen, lebendigen Details enthielt. Vieles von dieser Klarheit, von der Dichte und Detailfülle ging jedoch wieder verloren und verflüchtigte sich, nachdem das Gespräch in der Balint-Gruppe beendet war.

Gelegentlich drängte sich der Eindruck auf, daß wir uns in der Gruppe gegen Ende der Diskussion auf ein Bild, auf einen Ausschnitt oder auf die Vergrößerung eines Details geeinigt und festgelegt hatten und andere Bildausschnitte völlig unberücksichtigt ließen, die vielleicht wesentlich waren. Schließlich war zu beobachten, daß manche neue Erkenntnis- und Sichtweise, die sich spontan in der Diskussion ergab, einfach links liegengelassen oder wieder verworfen wurde, weil sie abschreckend und unannehmbar erschien. Wie konnten sich also, so war meine Frage, diese Hindernisse und Verluste überwinden lassen?

Damals lernte ich die familientherapeutische Arbeit von Helm Stierlin in Heidelberg und seinen Kollegen in USA und Italien kennen, die mich nachhaltig beeinflußt hat. Der amerikanische Familientherapeut Norman Paul entwickelte eine eigene Form der Verwendung von Video- und Tonaufzeichnungen in der Paar-Therapie, indem er die Aufzeichnung einer Therapiestunde seinen Patienten mit nach Hause gab und sie aufforderte, die Stunde nochmals anzuhören – unter Umständen zusammen mit einem wichtigen Familienmitglied, das bei dem Treffen nicht anwesend war. Die positiven Effekte von Selbsteinsicht und einer Lockerung starrer Abwehrhaltungen, die dieses einfache Verfahren zustandebrachte, waren verblüffend.

Das persönliche Kennenlernen der familientherapeutischen Arbeit über zahlreiche Videoaufzeichnungen von Familiengesprächen mit unterschiedlichen Therapeuten und später viele Stunden hinter dem Einwegspiegel – ein spezieller Spiegel, durch den der Beobachter durchschauen kann, ohne daß er selbst gesehen wird – veränderten meine Auffassung über die Anwendung technischer Hilfsmittel im psychologisch-psychotherapeutischen Bereich grundlegend. Hätte ich nur darüber gelesen, wäre ich wahrscheinlich bei meinen Vorbehalten geblieben. Die psychotherapeutische Arbeit erhielt plötzlich mit allen ihren Stärken und Schwächen eine Transparenz, die mir bis dahin fremd war.

Nicht zu übersehen war, daß die Verwendung von technischen Hilfsmitteln wie Video-, Tonaufzeichnung und Einwegspiegel das psychologisch-therapeutische Potential beachtlich stärken und weiterentwickeln können. Allein die Möglichkeit, ein- und dieselbe Szene mehrmals sehen und hören zu können, bedeutet ein Training im Beobachten und Wahrnehmen der verbalen und der Körpersprache und ihrer oft widersprüchlichen Beziehungen zueinander. Entscheidend für die positiven oder negativen Auswirkungen beim Verwenden technischer Hilfsmittel ist meiner Beobachtung nach zunächst die persönliche Einstellung und das Selbstverständnis desjenigen, der diese Technik anwendet und einsetzt, wie selbstverständlich natürlich und nachdenkend reflexiv er damit umgeht.

Der zugesicherte Schutz der persönlichen Daten und die verantwortliche, kontrollierte Handhabung von Video- und Tonaufzeichnungen steht natürlich an erster Stelle. Die Erfahrungen auf dem Gebiet der Familientherapie wollte ich jedenfalls auf meine Arbeit mit Balint-Gruppen übertragen.

Toncassetten fördern die Selbsteinsicht

In einer Balint-Gruppe Toncassetten zu verwenden, weckt Bedenken und Befürchtungen verschiedenster Art. Geht nicht durch dieses Vorgehen die erforderliche Intimität und die persönliche, freie Gesprächsatmosphäre in der Gruppe verloren, die ohnehin schon so mühsam herzustellen ist? Verhalten sich Teilnehmer und Leiter nicht kontrollierter als üblich, wenn die Stunde aufgezeichnet wird? Trotz solcher Bedenken schienen mir die Vorteile des Verfahrens zu überwiegen. Vor allem war anzunehmen, daß durch die Aufzeichnung auf Toncassette bei den Teilnehmern eine intensivere Auseinandersetzung mit dem Verlauf des Gruppengesprächs zu erreichen ist, daß die Fähigkeit des Zuhörens und Beobachtens verfeinert und die Selbsteinsicht gestärkt würde. Andere positive Wirkungen, an die ich nicht gedacht hatte, stellten sich unerwartet ein.

Die Vereinbarung

Mit den Teilnehmern der Balint-Gruppe wird vereinbart, daß jede Gruppensitzung auf Toncassette aufgenommen wird. Der Teilnehmer, der während des Treffens über seinen Fall berichtet hat, erhält am Ende der Sitzung die Cassette, um sie zu Hause nochmals anzuhören. Auf dieser Grundlage wird der Berichtende aufgefordert, beim folgenden Treffen sein Feedback, eine Rückmeldung über die Diskussion seines Fallbeispiels zu geben.

In der Balint-Gruppe wird vereinbart, daß die Aufnahme ausschließlich diesem Zweck dient und Teilnehmer wie Leiter sich zur Diskretion gegenüber Dritten verpflichten. Schließlich ist die Vereinbarung daran geknüpft, daß sie übereinstimmend und freiwillig getroffen wird. Zusammen mit anderen organisatorischen Fragen kann dies in einer der Vorbesprechungen diskutiert und vereinbart werden.

Ausführlich hatten wir zu Beginn die Bedenken und Einwände gegen ein solches Vorgehen besprochen, die vor allem Fragen der Diskretion betrafen. Einige Mitglieder der Gruppe stellten die Frage, ob dieses Verfahren die vertrauliche Gesprächsatmosphäre nicht eher stören und beeinträchtigen, als daß es einen Gewinn für das Lernen bringen würde. Von solchen Bedenken war ich als Gruppenleiter keineswegs frei und mußte mich zudem damit auseinandersetzen, daß die Verwendung von technischen Hilfsmitteln keineswegs psychoanalytischen Usancen entspricht. Schließlich fanden es jedoch alle Beteiligten den Versuch wert, die Arbeit mit Toncassetten auszuprobieren und stimmten dem Vorgehen erstaunlich schnell zu.

Interesse am Feed-back

Gemeinsame Annahme war, daß alle Mitglieder der Gruppe an einem ausführlichen Feed-back oder an einer Rückmeldung über Verlauf und Ergebnis der Balint-Gruppensitzung interessiert sind. Durch das Anhören der Toncassette zu Hause, ohne die Gruppe, sollte die Rückmeldung unterstützt werden. Auf diese Weise sollte besser erkennbar werden, welche Beiträge in der Diskussion nützlich, erhellend, hilfreich waren, und welche Deutungen tatsächlich ein neues Verständnis förderten. Wichtige Informationen wie der Tonfall der Stimme, Schweigepausen oder Gelächter, die in der emotionalen Dichte der Gruppensituation selbst nicht wahrgenommen wurden, erhielten aus der Distanz einen neuen Aussagewert. Bemerkungen, die während des Gesprächs in der Gruppe nebensächlich blieben oder untergegangen waren, bekamen für den Berichtenden nach Anhören der Cassette ein größeres Gewicht.

»Als besonders wichtig«, so äußerte sich eine Teilnehmerin, »empfand ich die Erfahrung, mich beim Anhören quasi als Außenstehenden zu erleben – meine Stimme, Füllwörter, Ausdruck etc. – und zu sehen, wie die anderen in der Gruppe auf meinen Bericht reagierten – aggressiv, ungeduldig, mitleidig usw. Diese Aspekte sind mir während unseres Gesprächs nie so aufgefallen.« »Stellungnahmen, die während der Diskussion untergegangen waren, konnten beim nochmaligen Zuhören von mir entdeckt und unter Umständen als Gewinn aufgenommen werden«, bemerkte eine andere Teilnehmerin.

Wie diese Äußerungen erkennen lassen, war die Aufgabe, der

Gruppe eine Rückmeldung zu geben, gleichzeitig mit der Übung verbunden, die eigenen Fähigkeiten des Zuhörens und Beobachtens stärker zu beanspruchen. Die Aufgabe, das Gruppengespräch und die eigene Stimme nochmals anzuhören, provoziert und fördert eine beobachtende Haltung, die eigene Wahrnehmung wird sensibler und damit genauer. Die Balint-Gruppe selbst lernt durch das regelmäßige Feed-back die eigene Arbeit in der Gruppe realistisch einzuschätzen.

Verständnis erfordert Zeit

Die persönliche Beschäftigung und Auseinandersetzung mit dem vorgetragenen Fallbeispiel erfordert Zeit. Die unkonventionellen Diskussionen und die kreative Unordnung, die vorgeschlagenen Deutungen und Interpretationen in einer oder in einieinhalb Stunden während des Gruppentreffens zu verarbeiten, stellt beinahe eine Überforderung dar.

Über das Anhören der Aufzeichnungen kann der Berichtende den Zeitraum zwischen zwei Treffen aktiv nutzen, um sich in Ruhe nochmals mit »seinem Fall« und mit dem Gespräch darüber zu beschäftigen. Aus der Distanz und ohne die Gruppe kann er besser erkennen und entscheiden, welche Gesichtspunkte der Diskussion, welches Verständnis oder welche Interpretationen für ihn tatsächlich zutreffend sind. Denn jetzt unterliegt er nicht mehr so stark dem Zwang zur Konformität in der Gruppe, so daß die Auffassungen und Äußerungen der einzelnen Teilnehmer klarer hervortreten.

Eine Teilnehmerin bemerkte dazu: »Durch das Abhören der Cassette bekam ich Distanz zu dem dargestellten Problem, so daß ich noch einmal neu an die Fragestellungen, die in der Gruppe auftauchten, heranging. Ich konnte den Verlauf der Stunde besser erfassen, meine eigene Herangehensweise und die Deutungen des Leiters und der anderen in Ruhe überdenken. Beim Abhören wurde mir meine Einstellung, meine Anteilnahme und meine Zwiespältigkeit, zu große Nähe oder Distanz viel deutlicher als in der Stunde selbst. Der Fall strukturierte sich besser, es entstand das Gefühl, selbständig den roten Faden zu entdecken. Dazu ist mehr Zeit erforderlich als eine Stunde in der Balint-Gruppe.«

Ein anderer Teilnehmer äußerte dazu: »Beim Abhören mit Zeit und Ruhe entstand bei mir insgesamt ein runderes Bild, was kurz nach der Stunde noch mosaikartig einzeln aussah. Andererseits konnte ich so einen Entwicklungsverlauf in unserer Diskussion gut erkennen.« Sich von dem Patienten innerlich distanzieren können und von neuem auf ihn zuzugehen, sich auf ihn einzustellen, ohne sich zu verstricken, selbständig den roten Faden entdecken – dazu ist mehr Zeit erforderlich als es die Diskussion in der Balint-Gruppe ermöglicht. Durch die Aufzeichnung der Stunde kann der Zeitraum zwischen zwei Gruppentreffen aktiv genutzt werden.

Neue Einsichten – wieder verworfen

Eine Schwierigkeit der Balint-Gruppenarbeit liegt darin, daß während der Arbeit an einem Fallbeispiel die Abwehrhaltung in der Gruppe gegenüber bestimmten Aspekten des Beispiels besonders heftig werden kann – die neu gewonnene Einsicht wird wieder verworfen. Unbewußtes gewahr zu werden, wirkt oft abschreckend und beschämend. Die Angst wird wach, auf einmal selbst schwach und angreifbar, verletzlich dazustehen.

In einer Gruppe kann die Abwehr sogar noch verstärkt werden, wenn die Teilnehmer stark miteinander rivalisieren und niemand Gefühle von Schwäche, von Scham oder Schuld bei sich spüren und zeigen kann. Die Möglichkeit, sich mit dem Fallbeispiel nach dem Treffen der Gruppe allein zu beschäftigen, ohne dem Zwang zur Stärke folgen zu müssen, kann die gruppenbedingte Abwehrhaltung mindern. In der privaten Situation, »allein im stillen Kämmerlein«, ist das eigene Ideal nicht ganz so kränkbar und verletzbar wie in der »Öffentlichkeit« der Gruppe. Neue Einsichten, die in der Gruppe bereits ausgesprochen waren, aber aus Gründen der Abwehr abgelehnt wurden, können jetzt leichter akzeptiert werden.

Dazu bemerkt ein Teilnehmer: »Nicht nur das Gruppengespräch, sondern auch das Anhören der Cassette im stillen Kämmerlein haben es mir ermöglicht, ein tieferes Verständnis für meine Beziehung zum Klienten und auch für das Verhalten des Klienten zu finden. Zu Hause konnte ich mir die einzelnen Argumente nochmals anhören, ohne mich in dem Maße angegriffen zu fühlen, wie ich es noch in der Gruppe verspürte. Meine schwachen Seiten in der Arbeit konnte ich alleine besser akzeptieren als in der Gruppe.«

Überraschend war, wenn nach heftiger Ablehnung einer bestimmten Interpretation während der Diskussion in der Balint-Gruppe der Berichtende zu dem folgenden Treffen kam, die Cassette zurückgab und dann sagte, er sei nach dem Anhören zu einem anderen Ergebnis gekommen und habe bemerkt, wie sehr er sich gegen das, was in der Stunde gesagt wurde, gewehrt hätte. Mit einem Beispiel will ich das verdeutlichen.

Der Berichtende erzählt von einem 16-jährigen Jungen, dem er Mathematik-Nachhilfestunden gab. Er zögert, davon überhaupt in der Gruppe zu berichten. Die Arbeit mit dem Jungen war schwierig geworden, weil er sich auf die gestellten Aufgaben nicht konzentrieren konnte, sich launisch und undiszipliniert verhielt. Zu den Nachhilfestunden kam der Junge oft zu spät oder überhaupt nicht, und dem Berichtenden, der sich gegenüber dem Adoleszenten eher nachgiebig verhielt, fiel es schwer, ihn bei der Arbeit zu halten. Wenige Wochen nach Abschluß der Nachhilfe, die insgesamt nicht besonders erfolgreich verlaufen war, verunglückte der Junge mit seinem Mofa und starb an den Folgen dieses Unfalls.

Große Betroffenheit und betretenes Schweigen in der Balint-Gruppe. Zaghaft wurde über mögliche »Ursachen« des Unfalls gesprochen, nach Familienverhältnissen wurde gefragt. Vorsichtig versuchte ich zur Sprache zu bringen, daß meinem Eindruck nach Gefühle von Trauer und Schuld hier in unserem Gespräch ausgeklammert würden. Daraufhin wurde ich heftig von der Gruppe attackiert, und mir wurde bedeutet, daß meine Interpretation an der Problematik völlig vorbeiginge.

In der folgenden Stunde sprach der Berichtende dann davon, daß ihn die Aufzeichnung sehr beschäftigt, er sich die ganze Woche über gefragt hätte, ob er nicht etwas in der Arbeit mit dem Jungen falsch gemacht habe, ob er ihn nicht häufiger vor den

Gefahren des Straßenverkehrs hätte warnen müssen. Jetzt zeigte unser Gespräch in der Balint-Gruppe ohne große Schwierigkeiten, wie stark der Kollege und mit ihm die Balint-Gruppe unbewußt mit dem Vater und dem älteren Bruder des verunglückten Jungen identifiziert war und deren Abwehr von Trauer und Schuldgefühlen übernommen hatte. Das Anhören der Aufzeichnung, die nochmalige Konfrontation mit dem Fallbeispiel und der folgenden Diskussion allein und ohne die Gruppe hatte offenbar die Identifikation mit der Abwehr durchlässiger gemacht.

Idealisierung von Leiter und Gruppe

Nicht selten kommt es in der Balint-Gruppe dazu, daß einzelne Teilnehmer oder die gesamte Gruppe Person und Rolle des Leiters überschätzen. Seine Möglichkeiten, Unbewußtes zu erkennen, seine Fähigkeiten, schwierige Probleme im Beruf zu lösen, werden für allumfassend gehalten. Kurzum, ihm wird eine Vollkommenheit und Stärke zugemessen, die er bei realistischer Einschätzung wahrhaftig nicht besitzt. Dieser Vorgang, der sich auf den Leiter, aber auch auf die Gruppe als Ganzes richten kann, nennen wir Idealisierung. Sie kann daher rühren, daß die Teilnehmer im Grunde ihren Beruf und seine Bedeutung überschätzen, idealisieren und von der Balint-Gruppe erwarten, sie solle dabei helfen, die idealen Ziele zu verwirklichen.

Im Extrem führt die Idealisierung zu einer Einstellung, die etwa so lautet: »Erst wenn ich die Fähigkeiten des Gruppenleiters besitze, kann ich die schwierigen Probleme meiner beruflichen Tätigkeit zufriedenstellend lösen.« Bleibt die in solchen Vorstellungen enthaltene Idealisierung zu lange erhalten, wird sie die eigenen Fähigkeiten der Teilnehmer empfindlich schwächen oder zu einer massiven Entwertung der Balint-Gruppenarbeit führen, nachdem die Enttäuschung über das projezierte Ideal wahrgenommen wurde. Beides gilt es zu verhindern.

Durch die Tonaufnahme und das anschließende Anhören der Stunde wurde meiner Erfahrung nach die Idealisierung des Leiters und der Gruppe schneller als üblich zurückgenommen. Das nochmalige Anhören des Gruppengesprächs stellt eine präzisere Konfrontation mit seinem tatsächlichen Verlauf dar und es wird deutlich, daß sich nicht alle Bemerkungen und Kommentare, alle mhms und äh des Leiters wie auch der Teilnehmer zur Idealisierung eignen. Jeder, der seine Stimme zum ersten Mal auf Tonband gehört hat, kennt die ernüchternde Wirkung. Das nochmalige Anhören des Gesprächs fordert zu einem genaueren Hinhören und Überprüfen auf. Die Beiträge und Deutungen, die Diskussion über das Fallbeispiel können einer kritischen Prüfung unterzogen werden, was schließlich zu einer realistischeren Einschätzung der Möglichkeiten und Grenzen der Balint-Gruppenarbeit führt.

Dieses Verfahren fordert vom Leiter der Balint-Gruppe ausreichendes Vertrauen und die Bereitschaft gegenüber den Teilnehmern, sich ihnen anzuvertrauen und sich den kritischen Stellungnahmen ohne Scheu zu stellen. Gelingt ihm das, so wird seine Haltung und Einstellung positiv auf die Teilnehmer zurückwirken, und es kommt zu einer partnerschaftlichen Beziehung zwischen beiden. Durch die angemessene Zurücknahme der Idealisierung wächst gleichzeitig das analytische Vermögen der Gruppe und jedes einzelnen.

Einwände

Den naheliegenden, anfangs von mir selbst geteilten Einwand, daß die Cassettenaufnahme Spontanphänomene in der Gruppe wahrscheinlich verhindere und eine kontrollierende oder gar paranoide Atmosphäre hervorbringe, daß die freien Einfälle und die Phantasietätigkeit in der Gruppe gehemmt würden, kann ich aus eigener Erfahrung nicht bestätigen.

Wie schon gesagt, scheint die Einstellung des Leiters und der Teilnehmer zu diesem Verfahren ausschlaggebend zu sein. Wenn die Beteiligten in der Tonaufnahme projektiv eine kontrollierende Instanz oder Anteile des eigenen Über-Ich sehen, wird sich das Vorgehen vermutlich hemmend, rigide, kontrollierend oder paranoid auf die Atmosphäre und die Diskussion auswirken. Wenn dagegen die Mitglieder der Gruppe die Cassettenaufnahme als eine nützliche und selbstverständliche Hilfe für ihre Arbeit ansehen, die heutigen Arbeitstechniken entspricht, werden sich meiner Erfahrung nach keine negativen Folgen für die Arbeit ergeben. Im Gegenteil, Leiter und Teilnehmer der Balint-Gruppe können konkreter, objektiver und präziser angeben, welche Beiträge in dem Gespräch weitergeholfen haben und für ein neues Verständnis aufschlußreich waren.

Durch das Anhören der Toncassette wird die Fähigkeit der Teilnehmer beansprucht und gefördert, die eigene Wahrnehmung zu trainieren, geduldig zu beobachten, Zwischentöne herauszuhören. Toncassetten in der Balint-Gruppe können zu einem nützlichen, sinnvollen Hilfsmittel werden, das dem Lernen aller Beteiligten dient – zu einem Hilfsmittel, wie gesagt, nicht zu einem Wundermittel.

Was bewirkt die Balint-Gruppe?

Nachdem ich in den vorhergehenden Abschnitten Ziel und Methode der Balint-Gruppe sowie einzelne Probleme der Arbeitsweise behandelt habe, die im Verlauf einer Balint-Gruppe auftreten, möchte ich abschließend der Frage nachgehen, wie sich das Ergebnis dieses Gruppentrainings feststellen läßt und welche Faktoren darauf Einfluß nehmen.

In der Praxis tiefenpsychologischer Fortbildung hat das Balint-Gruppentraining große Zustimmung und wachsende Verbreitung gefunden. Daraus kann man schließen, daß eine größer werdende Gruppe von Menschen im helfenden Beruf die Teilnahme an einer Balint-Gruppe als hilfreich und nützlich ansieht. Doch ist damit die Frage nach dem Lernergebnis, nach dem Erfolg und der Wirkung des Balint-Gruppentrainings noch nicht zuverlässig beantwortet. In ersten Untersuchungen über den Erfolg der Balint-Gruppenarbeit ging man davon aus, daß das Resultat dieses Trainings durch vier verschiedene Faktoren bedingt ist:
– durch seine Ziele
– durch seine Methoden und Techniken
– durch die Eigenschaften und Qualifikationen des Leiters
– und durch die Eigenschaften und Qualifikationen der Teilnehmer (vgl. Balint, 1966).

Für die erfolgreiche Teilnahme an einem Trainings-Seminar gilt die kontinuierliche Teilnahme über längere Zeit, mindestens jedoch über ein Jahr, als erforderlich. Auch die Zusammensetzung der Gruppe spielt für den Erfolg eine Rolle. Wenn nahezu jeder Interessent an einem Trainingsseminar teilnehmen kann, der sich dafür anmeldet, wird der Anteil derer, die nach kurzer Zeit die Gruppe wieder verlassen, hoch sein. Deshalb ist ein gegenseitiges Auswahlinterview sinnvoll, um für beide, Teilnehmer und Leiter, zu prüfen, inwieweit die gegenseitigen Erwartungen, die mit diesem Training verbunden werden, in Einklang zu bringen sind.

Der künftige Teilnehmer sollte in einem Interview etwas von den Zielen des Seminars und von der Art des Vorgehens, vom Verhalten des Leiters, erfahren, während der Gruppenleiter sich ein Bild darüber machen kann, wie der betreffende Kollege mit der wenig strukturierten Gesprächssituation in der Balint-Gruppe umgehen wird. Die Erfahrung zeigt, daß in der großen Mehrheit aller durchgeführten Interviews die Entscheidung von Interviewer und künftigem Teilnehmer identisch ist. Das Interview selbst soll folgende Beobachtungen enthalten:

1. Die Erwartungen des Teilnehmers zu Beginn des Interviews.
2. Verändern sich diese Erwartungen im Verlauf des Interviews?
3. Welche Gründe werden für die Teilnahme angegeben?

Wird ein gegenseitiges Auswahlinterview durchgeführt, dann steigt die Zahl von Teilnehmern, die länger als ein Jahr in der Gruppe verbleiben, erheblich und die Chancen des Lernens verbessern sich. Andererseits werden durch das Interview Interessenten von der Teilnahme abgehalten, die mit großer Wahrscheinlichkeit daraus gar keinen Nutzen gezogen hätten.

In der Untersuchung von Balint wurden die Teilnehmer der Trainingsgruppen zu Beginn und am Ende in Hinsicht auf erfolgreiche oder weniger erfolgreiche Teilnahme eingeschätzt. Bei dieser Einschätzung, die von Fachleuten, meist den Gruppenleitern, erfolgte, wurden drei Bereiche beurteilt:

– die Art der Fallvorstellung;
– die Art der Teilnahme an den Gruppendiskussionen und der Umgang mit Patienten, wie er jeweils berichtet wurde;
– außerdem wurde zwischen Teilnehmern unterschieden, die weniger als ein Jahr und solchen, die mehr als ein Jahr an der Gruppe teilgenommen hatten.

Durch die Einführung des gegenseitigen Auswahlinterviews ist auch hier der Anteil von Teilnehmern, die sich in den drei genannten Bereichen positiv veränderten, erheblich gestiegen. Allerdings ist die Einschätzung des Lernfortschritts durch den Gruppenleiter meiner Ansicht nach problematisch, weil sie eine

Reihe von möglichen Einseitigkeiten oder Verzerrungen enthalten kann.

Interessant, wenn auch nicht völlig überraschend, ist das Ergebnis, das auf den Einfluß des Leiters der Balint-Gruppe hinweist. Der Anteil von erfolgreichen Teilnehmern war in den Gruppen, deren Leiter bereits mehr als einmal eine Trainingsgruppe geleitet hatte, erheblich höher als in Gruppen, deren Leiter zum erstenmal eine solche Gruppe durchführte.

Zusammenfassend können wir festhalten, daß die Dauer der Teilnahme, das gegenseitige Auswahlinterview und eine fundierte Kompetenz des Leiters einen positiven Einfluß auf den Erfolg des Gruppentrainings haben. Außerdem kommt Balint zu der wichtigen Schlußfolgerung, daß eine der Wirkungen der Trainingsseminare für Ärzte darin besteht, daß sich die allgemeine Atmosphäre der medizinischen Praxis allmählich verändert. »Mehr und mehr Ärzte sehen nicht nur die enormen Erfolge, sondern auch die schmerzlichen Begrenzungen des heutigen wissenschaftlichen oder biologischen Denkens in der Medizin und wenden sich einem ganzheitlichen medizinischen Denken zu« (1966, S. 124).

Die Fähigkeit, Gegenübertragung und Übertragung zu unterscheiden, wird in der Balint-Gruppe trainiert. Deshalb läßt sich als Fortschritt der Teilnehmer definieren, wer am meisten bei sich zulassen und als Gegenübertragung erkennen kann. Das bedeutet, zwischen Gegenübertragungsreaktionen und eigenen, aktiven emotionalen Einstellungen zu unterscheiden; damit sind wichtige psychodiagnostische Fähigkeiten verbunden. In einer Untersuchung über den Erfolg von Balint-Gruppentraining, die sich mit diesen diagnostischen Fähigkeiten befaßt, werden folgende Ergebnisse zusammengefaßt (vgl. Dantlgraber):

1. Der Zusammenhang von Trainingsdauer und Diagnosefähigkeit ist positiv. Zunehmende Trainingsdauer verbessert die diagnostischen Fähigkeiten der trainierten Ärzte.

2. Bei der Bestimmung eines subjektiven Maßes der Differenzierung hat sich für alle Teilnehmer eine hohe Differenzierung ergeben. Mit Differenzierung ist die Fähigkeit gemeint, sich bei der Beurteilung des Patienten von ihm abzugrenzen. Geringe Differenzierung würde bedeuten, daß bei der Diagnose

subjektive Projektionen und Mängel der Differenzierung beteiligt sind.

3. Stereotypie: Damit ist die Tendenz gemeint, stereotype Diagnosen zu stellen. Die Stereotypie in der untersuchten Gruppe war gering.

4. Die Distanz zwischen realem und idealem Selbstbild ist bei den Gruppenteilnehmern gering. Mit geringem Abstand von realem und idealem Selbstbild war »Echtheit« gemeint, die Fähigkeit also, sich relativ frei von Angst und Abwehr in die Beziehung einzulassen.

5. Teilnehmer, die in Psychoanalyse waren, kamen nicht zu besseren Ergebnissen als solche, die nicht in Analyse waren. Ein Ergebnis, das als Hinweis auf die eigenständige Ausbildungsform der Balint-Gruppe verstanden werden kann.

6. Die Korrelationen zwischen Patientenbeurteilungen des Gruppenleiters und den Patientenbeurteilungen der Gruppenteilnehmer sind hoch positiv. Dies zeigt, daß die Teilnehmer der Balint-Gruppe und der Gruppenleiter zu ähnlichen Diagnosen kommen. Die Teilnehmer verwirklichen also den Diagnosestil des Leiters.

Die bislang einzige Untersuchung, in der eine Experimentalgruppe (40 Ärzte, die zwischen zwei und vier Jahren an einer Balint-Gruppe teilnahmen) und zwei Kontrollgruppen (40 Ärzte desselben Jahrgangs, die keine Balint-Gruppe besuchten) erforscht wurden, hat Moreau durchgeführt. Anhand der Krankenblätter und eines Fragebogens wurden 2871 Konsultationen erhoben und Änderungen im Konsultationsstil auf der Ebene von Diagnose und Therapie untersucht.

Beim Stellen der Diagnose zeigte sich, daß die in einer Balint-Gruppe geschulten Ärzte häufiger psychiatrische, psychosomatische oder psychologische Probleme diagnostizieren als ihre Kollegen aus den Kontrollgruppen. Die Ärzte, die nicht in einer Balint-Gruppe geschult wurden, führen erheblich mehr technische Untersuchungen durch als ihre Kollegen aus der Balint-Gruppe. Moreau schließt daraus, »daß die Tendenz, weniger technische Untersuchungen anzuordnen ... mit der psychologischen Schulung zunimmt. Je stärker die psychische Komponente ist, desto unsicherer fühlt sich der psychologisch nicht geschulte Arzt, und er versucht vergeblich, diese Zone der Unsicherheit zu überbrücken« (S. 165).

Auf der Ebene der Therapie zeigte sich, daß die psychologisch geschulten Ärzte erheblich weniger Medikamente verordnen als ihre Kollegen, die nicht in einer Balint-Gruppe geschult wurden. Die Frage, warum Medikamente in der Kontrollgruppe häufiger verschrieben wurden, läßt sich nicht eindeutig beantworten. Doch drängt sich die Frage auf, wem das Medikament tatsächlich verschrieben wurde: dem Patienten, dem Arzt oder beiden? Zumindest liegt diese Frage nahe. Wenn es zutrifft, daß die am häufigsten verschriebene Medizin der Arzt selbst ist, dann können wir annehmen, daß der psychologisch geschulte Arzt häufiger sich selbst verschreibt als ein psychologisch nicht geschulter Kollege, der auf technische Untersuchungen und auf unnötige Verschreibungen weniger leicht verzichten kann.

In folgenden Punkten ergab sich – entgegen der Annahme – kein Unterschied zwischen Ärzten aus der Balint-Gruppe und den Kollegen aus der Kontrollgruppe. Beide Gruppen führen gleich viele Konsultationen pro Patient durch, der Anteil von Notfällen und Nachtbesuchen ist bei beiden Gruppen gleich, ebenso verhält es sich mit dem Anteil von Patienten, der an einen Facharzt überwiesen wurde. Ärzte, die an einer Balint-Gruppe teilnahmen, kommen also weder mit weniger Konsultationen aus, noch wurden sie seltener zu Notfällen oder bei Nacht gerufen. Der Anteil an Überweisungen zu einem Facharzt ist in beiden Gruppen gleich hoch.

Die Ergebnisse dieser Untersuchung zeigen deutlich die Möglichkeiten und die Grenzen des Balint-Gruppentrainings für Ärzte auf. Insbesondere wird klar, daß das Gruppentraining offensichtlich die ärztlichen Kosten der Behandlung senken kann, da – bei gleichem Behandlungserfolg – weniger verordnet und weniger aufwendig untersucht wird.

Eine Untersuchung zu der Frage, wie sich das Balint-Gruppentraining auf die berufliche Zufriedenheit auswirkt, hat ergeben, daß die Teilnehmer von Balint-Gruppen mit ihrer Arbeit zufriedener sind als vor Beginn des Trainings, weil sich ihre Einstellung zum Beruf und zu den Patienten positiv verändert hat. Diese Wirkung nimmt mit längerer Teilnahme an der Balint-Gruppe eindeutig zu (vgl. Dämmig u. Rechenberger).

Als praktische Arbeitshilfe für Balint-Gruppen habe ich einige Fragen zusammengestellt, die die Teilnehmer zum Abschluß der Gruppe beantworten können, um zu einer Selbsteinschätzung ihres Lernergebnisses zu kommen. Jeder Teilnehmer kann bei einem der letzten Treffen die Fragen zunächst für sich in Stichworten schriftlich beantworten und sie dann zusammen in der Gruppe diskutieren.

1. Wie läßt sich in einem Satz beschreiben, was ich in der Balint-Gruppe gelernt habe?
2. Was hat entscheidend zu meinem Lernergebnis beigetragen?
3. Wo wurden meine Erwartungen und Interessen in der Gruppe enttäuscht?
4. Wo haben sich meine Erwartungen an die Balint-Gruppe erfüllt?
5. Was würde ich künftig bei der Durchführung einer Balint-Gruppe anders machen?
6. Durch welches Vorgehen und durch welche Eigenschaften des Leiters fühlte ich mich gefördert und im Lernen unterstützt?
7. Von welchem Vorgehen und welchen Eigenschaften des Leiters fühlte ich mich eingeschränkt oder behindert?
8. Welche Voraussetzungen der Teilnehmer sind für das Balint-Gruppentraining günstig?

Der aufgeführte Fragenkatalog bietet eine Art Leitfaden für eine Zwischenbilanz oder für ein Abschlußgespräch in der Balint-Gruppe.

Eine andere Möglichkeit, die Wirkung der Balint-Gruppe zu untersuchen, liegt darin, die Teilnehmer zu freien Niederschriften über die Frage aufzufordern, was sie aus ihrer Sicht in der Balint-Gruppe gelernt haben. Aus solchen Stellungnahmen lassen sich Anhaltspunkte für eine umfassendere Untersuchung zur Wirkung des Balint-Gruppentrainings gewinnen (vgl. Stucke, 1982).

Der bessere Umgang mit »Unlust- und Abwehrgefühlen«, so schreibt ein Arzt, habe für ihn zu einer »spannungsfreien, befriedigenden Zusammenarbeit« zwischen Arzt und Patient geführt.

»Heute habe ich nicht mehr das Gefühl, so sehr am Leiden der Patienten vorbeizutherapieren. Mein Blick für den psychischen Hintergrund der Beschwerden meiner Patienten beginnt sich zu schärfen, und viele Male ist es mir möglich gewesen, das Wesentliche anzusprechen und den Patienten ohne Rezept aus der Praxis mit einem neuen Gesprächstermin gehen zu lassen« (S. 111).

Für diesen Teilnehmer hat sich offensichtlich über den Erwerb einer neuen diagnostischen und therapeutischen Fähigkeit sein praktisches Handeln verändert. Spannungen, die zwischen seinen Patienten und ihm entstehen, kann er konstruktiv aufgreifen und den Patienten ohne Rezept und mit einem neuen Gesprächstermin entlassen. Ähnlich verhält es sich für einen anderen Kollegen, der mit folgendem Beispiel über das Fazit seiner Teilnahme an der Balint-Gruppe berichtet.

»Eine neue Patientin schildert mit wenigen Sätzen, daß sie unter örtlich wechselnden Verkrampfungen und Verspannungen leidet. Mit Anteilnahme gelingt es, sie unter Hinweis auf diese Erkrankung zu ermuntern, darüber zu berichten, was sie denn so verkrampft und bedrückt mache, unter welchem seelischen Druck sie leide. Als habe sie nur auf eine solche Ermunterung gewartet, breitet sie im Beisein meines Famulus die massive derzeitige Krisensituation ihrer Ehe mit bewegten Worten aus und geht sichtlich erleichtert ohne ein Medikament aus dem Sprechzimmer ... Ich habe mich gefragt, was ich mit dieser Patientin und ihren somatischen Beschwerden wohl vor meiner Balint-Gruppentätigkeit alles in die Wege geleitet hätte und wieviel Sinn- und Zweckloses dabeigewesen wäre« (S. 113). Durch das Training in der Balint-Gruppe entfallen sinnlose, zwecklose Maßnahmen, und eine neue Fähigkeit tritt hinzu: die gekonnte Führung eines Gesprächs mit dem Patienten.

Für viele Teilnehmer einer Balint-Gruppe liegt ein wichtiges Ergebnis darin, über das Teilnehmen an der Gruppe, über die damit verbundene indirekte Selbsterfahrung größere Sicherheit im Beruf zu gewinnen und vor bestimmten Situationen weniger Angst zu haben oder die Angst besser tolerieren zu können. In der genannten Befragung von Stucke äußert sich ein Arzt hierzu: »Das Bewußtwerden der eigenen Besonderheiten und Motivationen befähigt dazu, auch im Umgang mit den Patienten wesentlich ausgeglichener und gelassener zu sein. Diese Erfahrungen des eigenen Selbst begleiten die Balint-Arbeit ganz unmerklich und sind von nachhaltiger Wirkung.«

Eine Kollegin schreibt: »Zu meinen Problempatienten, die ich in der Gruppe vorgetragen habe, gewinne ich völlig neue Beziehungen, und so mancher Patient, vor dem ich Angst hatte, wenn ich schon hörte, daß er im Wartezimmer säße, ist mir inzwischen vertraut geworden, nachdem ich weiß, warum sich die Ängste entwickelten« (S. 114). Der geglückte Umgang mit den eigenen Gefühlen und mit den Gefühlen des Patienten, die neu gewonnene Fähigkeit des Zuhörens und das veränderte diagnostische Verständnis führen zu einer größeren Sicherheit und Ausgeglichenheit im Beruf. Das wichtigste, weil alltägliche Medikament der ärztlichen Praxis, die zwischenmenschliche Beziehung, wird jetzt aktiv und bewußt eingesetzt.

Die hier zusammengetragenen Äußerungen von Ärzten liefern wichtige Hinweise, um die Wirkungen des Balint-Gruppentrainings empirisch genau zu überprüfen. Wenn wir davon ausgehen, daß die Verbesserung der Einfühlungsfähigkeit ein zentrales Anliegen der Balint-Gruppenarbeit ist, dann stellen sich in dem Zusammenhang zwei Fragen: Wie läßt sich die Veränderung der Empathiefähigkeit empirisch erfassen? Verändert sich die Empathiefähigkeit durch die Teilnahme an einer Balint-Gruppe?

Wollte man die Wirkungen der Balint-Gruppe noch genauer einschätzen, müßten außerdem die vier von Balint genannten Faktoren in ihrem wechselseitigen Einfluß untersucht werden: die Ziele des Trainings, die angewandte Methode und Technik, die Eigenschaften des Leiters und die Eigenschaften der Teilnehmer. Zusammenfassend können wir festhalten, daß die Wirkung von drei Faktoren für den Erfolg des Balint-Gruppentrainings von besonderer Bedeutung ist:

1. Die Dauer des Trainings – sie sollte über einem Jahr liegen.
2. Die Kompetenz des Gruppenleiters und das gegenseitige Auswahlinterview.
3. Die Methode des Trainings – sie führt zu neuen Fähigkeiten, wie einer verfeinerten Wahrnehmung und Empathie, und zu einem veränderten Selbstverständnis im Beruf.

Einige Fragen müssen hier ungeklärt bleiben, so z. B. die Frage, ob der Effekt des Balint-Gruppentrainings auch über längere Zeit erhalten bleibt. Darüber liegen noch keine Untersuchungen vor, was einfach auch damit zusammenhängt, daß für solche Forschungen zu wenig Geld ausgegeben wird.

Bei einer genauen Überprüfung dessen, was die Balint-Gruppenmethode leistet und bewirkt, wird sich auch herausstellen, wo ihre Grenzen liegen. Ein grundlegendes Mißverständnis würde darin liegen, zu glauben, daß die Teilnahme an einer Balint-Gruppe zu einer Art Super-Therapeut und -Helfer ausbildet, der nicht nur das ganze Wissen seines Faches beherrscht, sondern zusätzlich auch noch ein psychotherapeutischer Fachmann ist. Ich glaube im Gegenteil, daß durch die Teilnahme an einer Balint-Gruppe eigene Größenphantasien über die Möglichkeiten, anderen Menschen zu helfen, andere zu heilen und zu retten, nachhaltig gekränkt und zurückgenommen werden und von realistischen Einstellungen ersetzt werden müssen.

Die Grenze der Balint-Gruppe liegt dort, wo sich herausstellt, daß sie für ihre Teilnehmer weder eine Psychotherapie bietet noch sie zu Psychotherapeuten ausbildet. Die Balint-Gruppe bildet lediglich das aus, was jeder, der im helfenden Beruf tätig ist, zur Verfügung hat und wirkungsvoll einsetzen kann: sich selbst, die eigene Person.

Resümee

Unter Psychoanalytikern ist Balint-Gruppenarbeit seit den fünfziger Jahren bekannt, obwohl ihre Bedeutung von einigen Fachleuten immer noch bestritten wird. Zu Unrecht wird davon ausgegangen, diese Form der analytischen Fortbildung in der Gruppe führe zu einer »Verwässerung« und zu einer »volkstümlichen Version« von Psychoanalyse, deren wertvolle Substanz dabei verlorengehe.

Bedingt durch einen beruflichen Alltag, der dem aktiven Getriebe des Lebens eher abgewandt und dem einzelnen Individuum und seiner inneren Welt gewidmet ist, werden von Psychoanalytikern nicht immer die Herausforderungen gesehen, denen die Psychoanalyse heute gegenübersteht. Eine Herausforderung sehe ich darin, wie Psychoanalytiker ihren Beitrag in der psychosozialen Versorgung und im Gesundheitswesen bestimmen wollen. Der Psychoanalytiker kann durchaus auf andere Kollegen im helfenden Beruf Einfluß nehmen und sein Wissen zur Verfügung stellen, um zu einer menschengerechten Behandlung Hilfsbedürftiger beizutragen, damit jene eben nicht die künftigen Patienten seiner psychotherapeutischen Praxis werden. Balint-Gruppenarbeit kann einen aktiven psychoanalytischen Beitrag zur Vorbeugung und Prävention seelischer Erkrankungen leisten und zu jener ganzheitlichen Sichtweise beitragen, die unter der fortgeschrittenen beruflichen Spezialisierung verlorengegangen ist.

Ausgehend von den Arbeiten Michael Balints, habe ich die Balint-Gruppe als eine angewandte psychoanalytische Methode im Rahmen beruflicher Fortbildung definiert, die ein Verständnis für die unbewußte Dynamik zwischenmenschlicher Beziehungen im Beruf schafft. Dies geschieht über die Arbeit mit

Fallbeispielen, die in einer kleinen Gruppe von 8 bis 12 Teilnehmern exemplarisch untersucht werden. Um das Ziel und die Methode der Balint-Gruppe durchsichtig zu machen, wurde das psychoanalytische Modell, vor allem das Konzept von Übertragung und Gegenübertragung, dargestellt.

Eines der drei Ziele, wie ich sie formuliert habe, liegt für die Teilnehmer der Balint-Gruppe darin, auf der Grundlage des Verstehens von Übertragung und Gegenübertragung ein neues Beziehungsverständnis zu erlernen. Dazu erweist es sich als notwendig, Vorurteilshaltungen, gewohnte berufliche Denkweisen, die »apostolischen Funktionen«, aufzugeben und sich selbst zu verändern. Solche Veränderungen sind in der Balint-Gruppe in begrenztem Umfang möglich und führen zu einem verbesserten Einfühlungsvermögen. Die eigene Wahrnehmung wird sensibler und Abwehrhaltungen lockern sich. Die indirekte Selbsterfahrung und eine neue Erkenntnis über das Fallbeispiel können verändernd auf die eigene Person wirken. Diese Wirkung geht auf die Balint-Gruppenmethode selbst zurück.

Die Ausgangsbedingungen, wie sie sich aus dem jeweiligen Helferberuf ergeben, sind für die Teilnehmer einer Balint-Gruppe durchaus unterschiedlich. Die freie Praxis eines Allgemeinarztes und die Arbeit des Spezialisten in der Klinik unterscheiden sich schon durch den äußeren Rahmen, aus dem jeweils verschiedenartige Zwänge und Konflikte hervorgehen, und Balint-Gruppenarbeit wird heute in unterschiedlichsten Berufsgruppen im psychosozialen Bereich und in der Medizin angewandt.

Das Vorgehen des Leiters, bisher weniger beachtet, gewinnt in der Balint-Gruppe besondere Bedeutung. Der Gruppenleiter dient besonders in der Anfangsphase des Trainings den Teilnehmern als Modell. Fragen, die die Auswahl der Teilnehmer, die Gruppengröße, die Vereinbarungen, die Dauer und das Verhalten des Leiters betreffen, wurden eingehend diskutiert. Gegenseitiges Akzeptieren und die Bereitschaft, Kritik anzunehmen, der »Mut zur eigenen Dummheit«, eine partnerschaftliche Beziehung zu den Teilnehmern und die eigene Bereitschaft zu lernen, sind besonders wichtige Eigenschaften des Gruppenleiters. Seine zentrale Aufgabe liegt darin, die psychoanalytische Kom petenz, über die er aufgrund seiner Ausbildung verfügt, in die Gruppe einzubringen, so daß die Teilnehmer sehen können, wie er sich selbst als Instrument der Wahrnehmung einsetzt und zu einem neuen Verständnis unbewußter Beziehungskräfte kommt.

Lernstörungen und Widerstand – wahrscheinlich gibt es keine Balint-Gruppe, die im Laufe ihrer Arbeit nicht auf diese Hindernisse stößt. In der Balint-Gruppe wird nicht nur etwas Neues zum Alten dazugelernt, sondern das Alte muß erst »verlernt« werden, um dann beides – altes und neues Wissen – zusammenfügen und integrieren zu können. Eine andere Wurzel für Lernstörungen und Widerstände in der Balint-Gruppe liegt darin, daß das Interesse und der Wunsch, unbewußte Zusammenhänge zu erkennen, auch entsprechende Ängste weckt und zu Abwehrhaltungen führt, die das Lernen zunächst hemmen oder stören. Lernstörungen und Widerstände können sowohl während der Arbeit an einem Fallbeispiel auftreten als auch in ausgeprägten Tendenzen und Wünschen nach Selbsterfahrung ihren Ausdruck finden. Werden die Hindernisse in der Gruppe erkannt und gemeinsam bewältigt, dann verwandeln sie sich oft in entscheidende Lernfortschritte.

Über Erfahrungen mit einer technischen Innovation, über die Verwendung von Toncassetten in der Balint-Gruppe, wird in einem eigenen Abschnitt berichtet. Die Frage, wie sich das einzelne Balint-Gruppentreffen intensiver nutzen läßt, habe ich dadurch gelöst, daß der Berichtende jeweils die auf Toncassette aufgezeichnete Stunde erhält, um sie zu Hause nochmals anzuhören und um der Gruppe ein Feed-back, eine Rückmeldung zu geben. Daraus ergaben sich durchwegs neue und verbesserte Lernmöglichkeiten.

Der Berichtende konnte eigene Abwehrhaltungen beim Anhören des Gruppengesprächs allein leichter aufgeben. Aus der Distanz und ohne die Gruppe war leichter zu erkennen und freier zu entscheiden, welche Gesichtspunkte der Diskussion, welches Verständnis des Falles oder welche Deutungen tatsächlich für ein neues Verständnis ausschlaggebend waren. Schließlich war zu beobachten, daß bei diesem Vorgehen die Teilnehmer ihre Idealisierung des Leiters und der Gruppe schneller als üblich zurücknehmen. Das nochmalige Anhören des Gruppengesprächs verlangt eine genauere Auseinandersetzung mit seinem tatsächlichen Verlauf, so wie es »wirklich« war, und das Diskutieren der Gruppe erhält dadurch von Anfang an realistische Züge.

Das Spiegelungs-Phänomen stellt in der Balint-Gruppe ein wichtiges, wahrscheinlich das wichtigste Arbeitsfeld für die Fallbesprechungen dar, weil es äußerst aufschlußreiche Informationen über die unbewußte Dynamik der berichteten Beziehung enthält. Häufig spiegeln sich gerade die abgewehrten Beziehungsanteile zwischen Helfer und Hilfesuchendem in der Gruppe wieder. Wird dieser Vorgang der Spiegelung, der über »nukleare«, unbewußte Identifikationen der Teilnehmer mit dem berichteten Geschehen zustandekommt, in der Gruppe erkannt, so entsteht eine maximale Evidenz der Beziehung zwischen Helfer und Hilfesuchendem.

Das abgewehrte, affektive Beziehungsgeschehen wird in der Gruppe erlebbar und verständlich. Das Spiegelungs-Phänomen verschafft ein Optimum an Nähe und Distanz zur realen Beziehung zwischen Helfer und Hilfesuchendem. Physisch ist diese Beziehung in der Balint-Gruppe abwesend, während sie psychisch in hohem Maße in der Gruppe anwesend und präsent ist.

Trainingsdauer, Kompetenz des Leiters und Auswahl geeigneter Teilnehmer, so zeigen mehrere Untersuchungen zur Frage der Wirkung des Balint-Gruppentrainings, beeinflussen das Ergebnis entscheidend. Außerdem konnte nachgewiesen werden, daß sich das professionelle Verhalten der Balint-Gruppenteilnehmer nach Abschluß des Trainings im Diagnosestil und im therapeutischen Verhalten erheblich von einer entsprechenden Vergleichsgruppe unterscheidet, die kein psychologisches Training erhielt. Andere Fragen, die weiterer Untersuchung bedürfen, bleiben offen. Welche Wirkung haben Persönlichkeit und Verhalten des Gruppenleiters auf das Training? Bleibt die Wirkung des Balint-Gruppentrainings tatsächlich über längere Zeit erhalten? Lernen aktive Teilnehmer in der Gruppe mehr als zurückhaltend-passive?

Gerade in einer Situation, in der die Balint-Gruppenmethode auf wachsendes Interesse stößt, erscheint es mir wichtig, durch weitere Untersuchungen zu prüfen, was dieses Gruppenverfahren zu leisten vermag und was nicht. Daß die Möglichkeiten der Balint-Gruppenmethode noch lange nicht ausgeschöpft sind, davon bin ich überzeugt. Die Balint-Gruppenmethode kann, wie ich es zu Anfang genannt habe, eine Hilfe für Helfer sein, indem sie einen Einblick in das Unbewußte und seine Wirkungsweise eröffnet. Durch diesen Einblick werden die Möglichkeiten im helfenden Beruf erweitert und zugleich begrenzt.

Dank

Beim Schreiben der »Hilfe für Helfer« habe ich selbst vielfältige Hilfe und Anregung in Gesprächen und Diskussionen erhalten. Allen voran von meinen Freunden in Frankfurt: Frank Bruns, Leo Hilbert und Barbara Klemm, Isidor Kaminer und Ilona Kopany, Birgit und Jochen Zeitschel, Moritz v. Bethmann, Hartmut Berger und Wolfgang Schölzel, Laco Gaal, Victor Sanovec und besonders Michael Landes.

Dr. Klaus Frank und Prof. Peter Kutter haben mein psychoanalytisches Verständnis über viele Jahre entscheidend beeinflußt und gefördert. Die psychotherapeutische Arbeit mit Familien bei Prof. Helm Stierlin in Heidelberg war für mich ebenso bedeutsam wie meine analytische Ausbildung im Sigmund-Freud-Institut in Frankfurt. Am Institut für Psychoanalyse der Frankfurter Universität konnte ich die ersten Erfahrungen mit Balint-Gruppen sammeln und auf Tagungen des Deutschen Arbeitskreises für Gruppendynamik und Gruppenpsychotherapie in der Sektion Analytische Gruppenpsychotherapie meine Gedanken zu diesem Buch vorstellen und diskutieren.

Gespräche mit Frau Dr. Margarete Mitscherlich-Nielsen, mit Prof. Boris Luban-Plozza und mit Dr. Arthur Trenkel haben mir weitergeholfen. Prof. Hans Müller-Braunschweig hat mich darin ermutigt, dieses Buch zu schreiben. Von Jutta Menschik und Siegfried Schubenz erhielt ich Zustimmung und wichtige Kritik, von Michael und Helma Krenz, von Thomas und Sawka Bronisch freundschaftlichen Rat. Gudrun Rohe und Ingrid Veblé-Weigel haben das Manuskript abschließend durchgesehen.

Beim Schreiben dachte ich oft an meine gute und manchmal weniger gute Zusammenarbeit mit Ärzten, Schwestern und Pflegern in den Psychiatrischen und Psychosomatischen Kliniken in

Berlin, Frankfurt, Heidelberg und Offenbach. Den Kolleginnen und Kollegen, vor allem aber den Patienten verdanke ich viel. Sie haben mich gelehrt, die spannungsvollen Widersprüche im Alltag einer Klinik und im Umgang mit menschlichem Leid besser annehmen zu können, zwischen Wunsch und Wirklichkeit einen versöhnlichen Ausgleich zu suchen.

Mein Vater hat mich darin bestärkt, die Arbeit zum Abschluß zu bringen, was nicht immer leichtfiel, weil es einen Verzicht auf Tennisspielen bedeutete. Gertrud Müller schrieb stets von neuem sorgfältig und schnell das Manuskript, Andrea Niepel half beim Bibliographieren. Im Piper-Verlag setzte sich Renate Dörner engagiert für die »Balint-Gruppen« ein und sorgte für eine schnelle Realisierung des Projekts. Ohne Gina Ahrend wäre dieses Buch nicht zustandegekommen. Allen, besonders den Teilnehmern meiner Balint-Gruppen, bin ich dankbar verbunden. Für alle Fehler hingegen, die in diesem Text enthalten sind, bin ich allein verantwortlich.

Die Identität derer zu verhüllen, deren Fallgeschichten erzählt werden, habe ich mich bemüht. Ihre wirklichen Namen und zahlreiche äußere Details wurden verändert. Sollte es trotzdem möglich sein, eine der geschilderten Personen zu erkennen, bedauere ich das, glaube aber, daß dazu nur der Betreffende selbst in der Lage ist.

München, Juli 1984   Jörg Kaspar Roth

ANHANG

Wer führt Balint-Gruppen durch?

Für diejenigen Leser, die sich dafür interessieren, an einer Balint-Gruppe teilzunehmen, werden nachfolgend Adressen von Institutionen und einzelnen Personen aufgeführt, die Balint-Gruppenleiter benennen können. Dazu zählen die psychotherapeutischen-psychoanalytischen Institute in der Bundesrepublik, die zur Deutschen Gesellschaft für Psychotherapie, Psychosomatik und Tiefenpsychologie (DGPPT) gehören oder ihr nahestehen. Im Deutschen Arbeitskreis für Gruppenpsychotherapie und Gruppendynamik wurde in der Sektion Analytische Gruppenpsychotherapie ein Verzeichnis qualifizierter Balint-Gruppenleiter zusammengestellt. Dasselbe gilt für die Allgemeine Ärztliche Gesellschaft für Psychotherapie und für die Deutsche Balint-Gesellschaft. Darüber hinaus gibt es auf regionaler Ebene bei den Landesärztekammern ein Verzeichnis von Balint-Gruppenleitern, die speziell dazu ermächtigt sind, Balint-Gruppen im Rahmen der psychotherapeutischen Zusatzausbildung für Ärzte durchzuführen.

Für die Schweiz und Österreich sind Kollegen genannt, die ebenfalls qualifizierte Balint-Gruppenleiter vermitteln können. Sicher gibt es außerhalb dieser offiziellen Institutionen Möglichkeiten, an einer Balint-Gruppe teilzunehmen, die mir nicht bekannt sind. Für Hinweise bin ich jedem Leser dankbar.

Deutscher Arbeitskreis für Gruppenpsychotherapie und Gruppendynamik (DAGG)

Sektion Analytische Gruppenpsychotherapie
(Abteilung Balint-Gruppen, Prof. Dr. W. Wesiack)

Kontaktadressen:

Prof. Dr. Wulf-Volker Lindner
Universität Hamburg
Sedanstr. 19
2000 Hamburg

Dr. Jörg Kaspar Roth
Osterwaldstr. 61 a
8000 München 40

Allgemeine Ärztliche Gesellschaft für Psychotherapie

Prof. Dr. H.-G. Rechenberger
Klinik für Psychotherapie
Nettelbeckstr. 3
4000 Düsseldorf 30

Psychotherapeutisch-psychoanalytische Institute in der BRD

Berlin

Berliner Psychoanalytisches Institut
Karl-Abraham-Institut e. V.
Sulzaer Straße 3
1000 Berlin 33

Institut für Psychotherapie e. V. Berlin
Koserstraße 8–12
1000 Berlin 33

Institut für Psychoanalyse, Psychotherapie und Psychosomatik
Berlin e. V.
Kurfürstendamm 184
1000 Berlin 15

Weiterbildungsseminar für Psychotherapie, Psychosomatische
Medizin und Psychoanalyse im Klinikum Charlottenburg
Fachbereich 3 der Freien Universität Berlin
Spandauer Damm 130
1000 Berlin 19

Bremen

Bremer Arbeitsgruppe für Psychotherapie e. V.
Leher Heerstraße 76
2800 Bremen 33

Düsseldorf

Institut für Psychoanalyse und Psychotherapie Düsseldorf e. V.
Rheinische Landesklinik Düsseldorf
Bergische Landstraße 2
4000 Düsseldorf

Frankfurt

Sigmund-Freud-Institut
Ausbildungs- und Forschungsinstitut für Psychoanalyse
Myliusstraße 20
6000 Frankfurt

Freiburg

Institut für Psychoanalyse und Psychotherapie Freiburg e. V.
Kaiser-Joseph-Straße 239
7800 Freiburg

Psychoanalytisches Seminar Freiburg e. V. (DPV)
Schwaighofstraße 6
7800 Freiburg

Gießen

Institut für Psychoanalyse und Psychotherapie Gießen e. V.
Ludwigstraße 73
6300 Gießen

Göttingen

Institut für Psychoanalyse und Psychotherapie e. V. Göttingen
Hanssenstr. 13
3400 Göttingen

Hamburg

Michael Balint Institut für Psychoanalyse und Psychotherapie
Averhoffstraße 7
2000 Hamburg 76

Hannover

Lehrinstitut für Psychotherapie und Psychoanalyse
Psychotherapeutisches Institut für das Land Niedersachsen
Geibelstraße 104
3000 Hannover

Heidelberg

Institut für Psychotherapie und Psychoanalyse Heidelberg/
Mannheim
Thibautstraße 2
6900 Heidelberg

Kassel

Kasseler Psychoanalytisches Institut (DPV)
c/o Verein Ludwig Noll-Krankenhaus e. V.
Dennhäuser Straße 156
3500 Kassel

Köln

Institut für Analytische Psychotherapie im Rheinland e.V.
Hohenstaufenring 58
5000 Köln 1

Psychoanalytische Arbeitsgemeinschaft Köln–Düsseldorf
(DPV)
Dagobertstraße 35–37
5000 Köln

München

Akademie für Psychoanalyse und Psychotherapie e.V.
Pettenkoferstraße 22 G
8000 München 2

Psychoanalytische Arbeitsgemeinschaft München e.V. (DPV)
Lindenstraße 25
8000 München 90

Münchener Arbeitsgemeinschaft für Psychoanalyse (MAP)
Bauerstraße 15
8000 München 40

Alfred Adler Institut für Individualpsychologie
Kindermannstr. 9
8000 München 19

Stuttgart

Institut für Psychoanalyse und Psychotherapie der Arbeitsgruppe Stuttgart der Deutschen Psychoanalytischen Gesellschaft e.V.
Christian-Belser-Straße 81
7000 Stuttgart 70
Stuttgarter Akademie für Tiefenpsychologie und analytische
Psychotherapie e.V.
Hohenzollernstraße 26
7000 Stuttgart 1

Tübingen

Psychoanalytische Arbeitsgemeinschaft Stuttgart-Tübingen (DPV)
Holzmarkt 5
7400 Tübingen

Ulm

Psychoanalytische Arbeitsgemeinschaft Ulm
Am Hochsträß 8
7900 Ulm

Schweiz

Genf

Dr. med. R. Gfeller
Rue Conseil Général 11
CH 1200 Genf

Ascona

Balint-Dokumentations-Zentrum
(Bibliothek)
Veranstalter der Internationalen Balinttreffen in Ascona
CH 6612 Ascona

Locarno

Prof. Dr. med. Boris Luban-Plozza
Psychosomatische Abteilung der Klinik S. Croce
Piazza Fontana Pedrazzini
CH 6600 Locarno

Österreich

Innsbruck

Prof. Dr. W. Wesiack
Institut für medizinische Psychologie
Universität Innsbruck
A-6020 Innsbruck

Allgemeine Literatur

Die nachfolgend aufgeführten Arbeiten habe ich im vorliegenden Text in indirekter oder direkter Form aufgenommen, verarbeitet oder darauf Bezug genommen, ohne dies – um der Lesbarkeit des Textes willen – immer durch wörtliches Zitieren kenntlich zu machen.

ARLOW, J. A., The Supervisory Situation. J. Am. Psa. Ass., Vol. XI, 1963, 577–594.

BALINT, E., Gruppen-Methoden bei der Fortbildung von Sozialfürsorgern. Psyche, 13, 1959, 229–239.

–, et al., Fünf Minuten pro Patient. Frankfurt, 1975.

–, Michael Balint und die Droge »Arzt«. Psyche, 2, 1976, 105–124.

–, Michael Balint: Mensch und Werk. Therapiewoche 27, 40, 1977, 6909–6916.

–, Luban-Plozza, B. (Hrsg.), Patientenbezogene Medizin. Stuttgart 1978–1983.

BALINT, M., BALINT, E., Psychotherapeutische Techniken in der Medizin. München, o. J.

BALINT, M., On The Psychoanalytic Training System. Int. J. PsA., Vol. XXIX, 1948, 163–173.

ADLER, B., Erfahrungen aus der Gruppenarbeit mit Strafvollzugsbeamten. Psyche, 6, 1976, 618–624.

ANDERSON, R. et al., Some Observations on Psychoanalytic Supervision. Psa. Quart., Vol. 32, 1963, 77–93.

ARGELANDER, H., Gruppenprozesse. Reinbek, 1972.

–, Balint-Gruppenarbeit mit Seelsorgern. Psyche, 2, 1973, 129–150.

–, Freud als Supervisor. In: Provokation und Toleranz. Festschrift für Alexander Mitscherlich zum 70. Geburtstag. Frankfurt, 1978, 184–194.

–, Balint-Gruppen. In: HEIGL-EVERS, A. (Hrsg.), Die Psychologie des 20. Jahrhunderts. Lewin und die Folgen. Bd. VIII. München, Zürich, 1980.

–, Psychotherapeutische Ausbildung des praktischen Arztes. Psyche, 6, 1955–56, 371–389.

–, Die Verantwortung des Arztes. Psyche, 10, 1960, 561–573.

–, Der Platz der Psychotherapie in der Medizin. Psyche, 6, 1962, 355–373.

–, Die Urformen der Liebe und die Technik der Psychoanalyse. Stuttgart, Bern, 1965.

–, BALINT, E., GOSLING, R., HILDEBRANDT, P., A Study of Doctors. London, 1966.

–, Die Struktur der »training-cum-research«-Gruppen und deren Auswirkungen auf die Medizin. Jb. d. PsA., 5, 1968 a, 125–146.

–, Erfahrungen mit Ausbildungs- und Forschungsseminaren. Psyche 9–11, 1968 b, 679–688.

–, BALL, D. H., HARE, M. L., Unterrichtung von Medizinstudenten in patientenzentrierter Medizin. Psyche, 7, 1969, 532–546.

–, Psychotherapeutische Forschung und ihre Bedeutung für die Psychoanalyse. Psyche 1, 1972, 1–19.

–, Bilden die langfristig mit den gleichen Rezepten versorgten Patienten eine identifizierbare Gruppe? Psyche 2, 1973 a, 102–117.

–, ORNSTEIN, P., BALINT, E., Fokaltherapie. Frankfurt, 1973 b.

–, Autobiographische Notizen (1968). In: LUBAN-PLOZZA, B. (Hrsg.), Praxis der Balint-Gruppen. München, (1974), 1984².

–, Der Arzt, sein Patient und die Krankheit. Stuttgart, 1976 (1964).

BATTEGAY, R., Der Mensch und die Gruppe. Bd. III, Bern, 1976.

BAURIEDL, TH., Die Auflösung von Beziehungsstörungen in Balint-Gruppen. In: Mertens, W., Psychoanalyse. München, 1983.

BECKMANN, D., Der Analytiker und sein Patient. Bonn, Stuttgart, Wien, 1974.

BEISER, H. R., Self-listening During Supervision of Psychotherapy. Arch. Gen. Psych., Vol. XV, 1966, 135–139.

BELL DE, D. E., A Critical Digest of The Literature on Psychoanalytic Supervision. J. Am. Psa. Ass., Vol. XI, 1963, 547–575.

BERGER, M., Videotape Techniques In Psychiatric Training And Treatment. New York, 1970.

BERGIN, A. E., The Evaluation of Therapeutic Outcomes. In: ders., GARFIELD, S., Handbook of Psychotherapy and Behavior Change, New York, 1971.

BERGOLD, J., Lerntheoretische Grundlagen für Theorie und Praxis der Psychatrie. In: KISKER, K. P. et al., Psychiatrie der Gegenwart, Bd. I, 1, 1979.

BERNARD, H. S. et al., Supervisor-Trainee Cotherapy as a Method for Individual Psychotherapy Training. Psychiatry, Vol. 43, 1980, 138–145.

BLINKERT, B., HUPPERTZ, N., Der Mythos der Supervision – kritische Anmerkungen zu Anspruch und Wirklichkeit. Neue Praxis, 2, 1974, 117–127.

BLITZSTEN, L., FLEMING, J., What Is a Supervisory Analysis? Bull. Menn. Clin., Vol. 17, 1953, 117–129.

BÖKER, W., Balint-Seminar mit Krankenhausseelsorgern. Psychotherapie, Medizin. Psychol., 1977, 194–197.

BORENS, R., Balint-Gruppen in der Psychosomatischen Klinik. Therapiewoche 27, 40, 1977, 7022–7028.

BROCHER, T., Gruppendynamik und Erwachsenenbildung. Braunschweig, 1981, 12. Aufl.

BROMBERGER, M., et al., Geschichte einer Balint-Gruppe anhand von Falldarstellungen. Psyche, 12, 1973, 1091–1105.

BRUNNET, R., Die Bedeutung der Supervision für Sozialarbeit. Praxis der Kinderpsychologie und Kinderpsychiatrie, 3, 1968, 105–106.

CLYNE, M. B., Der Anruf bei Nacht. Bern, Stuttgart, 1964.

–, Michael Balints Leistung für die Allgemeinmedizin. *In:* EICKE, D. (Hrsg.), Psychologie des 20. Jahrhunderts, Bd. III, München, 1977.

DÄMMIG, E., RECHENBERGER, H.-G., Regionale Balint-Arbeit aus der Sicht der Teilnehmer. Praxis der Psychotherapie und Psychosomatik, 24, 1979, 275–280.

DANTLGRABER, J., Über einen Ansatz zur Untersuchung von »Balint-Gruppen«. Psychosomatische Medizin, 6, 1977, 255–276.

DEWALD, P. A., Learning Problems in Psychoanalytic Supervision: Diagnosis and Management. Comprehensive Psychiatry, Vol. X, No. 2, 1969, 107–121.

DREES, A., Balint-Gruppen mit Krankenschwestern auf einer psychosomatischen Station. Therapiewoche 27, 40, 1977, 7041–7048.

–, Unterrichtsblock: Psychosomatik-Psychotherapie, Balint-Gruppen mit Medizinstudenten. Materialien Psychoanalyse, 6, 1980, 217–241.

–, Balint-Gruppen in der Hämatologie. Materialien Psychoanalse, 7, 1981, 34– 51.

EDINBURG, G. M. et al., Getting The Most out of Supervision. *In:* Clinical Interviewing & Counseling: Principles and Techniques. New York, 1975, 113–122.

EICKE, D., Technik der Gruppenleitung von Balint-Gruppen. *In:* LUBAN-PLOZZA, B. (Hrsg.), Praxis der Balint-Gruppen. München, 1974, 128–138.

–, Balint-Gruppenarbeit als Forschungsmethode in der Psychosomatik. Therapiewoche 27, 40, 1977, 6985–6988.

EKSTEIN, R., WALLERSTEIN, R. S., The Teaching and Learning of Psychotherapy. New York, 1973 (1958).

169

EMCH, M., The Social Context of Supervision. Int. J. PsA., Vol. XXXVI, 1955, 298–304.

FERENCZI, S., Zur psychoanalytischen Technik. *In:* ders., Schriften zur Psychoanalyse I, Frankfurt, 1970 (1919).

FLECK, R., Gruppendynamische Balintarbeit für Erzieher. Dynamische Psychiatrie, 12, 1979, 321–329.

FLEMING, J., The Role of Supervision in Psychiatric Training. Bull. Menn. Clin., Vol. XVII, No. 5, 1953, 157–169.

FLEMING, J., BENEDEK, TH., Supervision. A Method of Teaching Psychoanalysis. Psa. Quart., Vol. XXXIII, 1964, 71–96.

FRIJLING-SCHREUDER, E. C. M., On Individual Supervision. Int. J. PsA., Vol. 51, 1970, 363–369.

FREUD, A., Das Ich und die Abwehrmechanismen. München, 1964 (1936).

FREUD, S., Die Traumdeutung. G. W. II/III, 1900. (Imago)

–, Drei Abhandlungen zur Sexualtheorie. G. W. V, 1905 a.

–, Bruchstück einer Hysterie-Analyse. G. W. V, 1905 b.

–, Analyse der Phobie eines fünfjährigen Knaben. G. W. VII, 1909.

–, Die zukünftigen Chancen der psychoanalytischen Therapie. G. W. VIII, 1910.

–, Das Unbewußte. G. W. X, 1913.

–, Erinnern, Wiederholen und Durcharbeiten. G. W. X, 1914.

–, Vorlesungen zur Einführung in die Psychoanalyse. G. W. XI, 1916/17.

–, Das Ich und das Es. G. W. XIII, 1923.

–, Hemmung, Symptom und Angst. G. W. XIV, 1926.

FREYBERGER, H., Balint-Gruppenarbeit mit Studenten im Rahmen der klinisch-psychosomatischen Krankenversorgung. Therapiewoche 27, 40, 1977, 7076–7091.

FRIEDMANN, C. T. H. et al., Videotape Recording of Dynamic Psychotherapy: Supervisory Tool or Hinderance? Am. J. Psych., 135, 11, 1978, 1388–1391.

FRIEDRICH, H., BELAND. H., Aus der Literatur zur Balint-Gruppenarbeit. Gruppenpsychotherapie u. Gruppendynamik, 14, 1979, 277–288.

FURRER, W. L., Gegenübertragungsprobleme des Balint-Gruppenleiters. *In:* LUBAN-PLOZZA, B. (Hrsg.), Praxis der Balint-Gruppen. München, 1974, 138–149.

–, Arzt-Patient-Beziehung und Balint-Gruppenarbeit. Gruppenpsychotherapie und Gruppendynamik, 14, 1979, 219–227.

FÜRSTENAU, P., Zur Theorie psychoanalytischer Praxis. Stuttgart, 1979.

GEE, MC., T. F., Supervision in Group Psychotherapy: A Comparison of Four Approaches. Int. J. Group Psychoth., Vol. XVIII, 1968, 165–176.

GLATZER, H. T., Analytic Supervision in Group-Psychotherapy. Int. J. Group Psychoth., Vol XXI, 1971, 436–443.

GREENSON, R. R., Empathy and its Vicissitudes. Int. J. PsA., Vol. 41, 1960, 418–424.

–, Das Arbeitsbündnis und die Übertragungsneurose. Psyche, 2, 1966, 81–103.

GRINBERG, L., The Problems of Supervision in Psychoanalytic Education. Int. J. PsA., Vol 51, 1970, 371–383.

GROSS DOEHRMAN, M. J., Parallel Processes in Supervision and Psychotherapy. Bull. Menn. Clin., Vol 40, 1976, 9–104.

GUSTIN, J. C., Supervision in Psychotherapy. Psa. Rev., Vol 45, 1958, 63–72.

HARTMANN, H., Ich-Psychologie und Anpassungsprobleme. Stuttgart, 1972, (1939).

HEGE, M., Praxisberatung in der Fachhochschule. Gruppenpsychotherapie und Gruppendynamik, XII, 1977, 169–181.

HEIGL-EVERS, A., HERING, A., Die »Spiegelung« einer Patientengruppe durch eine Supervisionsgruppe. In: HEIGL-EVERS, A. (Hrsg.), Psychoanalyse und Gruppe. Göttingen, 1971.

–, Die Stufentechnik der Supervision. Gruppentherapie und Gruppendynamik, 9, 1975, 43–54.

HEIMANN, P., On Counter-Transference. Int. J. PsA., 31, 1950, 81–84.

HEISING, G., Zur Psychodynamik der Supervision. Praxis der Psychotherapie, 21, 1976, 185–191.

HELLWIG, A., Balint-Gruppenarbeit mit Lehrern. Gruppenpsychotherapie und Gruppendynamik, 14, 1979, 265–275.

HESTER, L. et al., The Supervisor-Supervisee-Relationship in Psychotherapy Training from the Perspective of Interpersonal Attraction. Comprehensive Psychiatry, Vol. 17, No. 5, 1976, 671–681.

HOLZMAN, PH. S., Process in the Supervision of Psychotherapy. Bull. Menn. Clin., Vol. 29, No. 3, 1965, 125–130.

HUPPERTZ, N., Supervision. Neuwied, 1975.

KARBERG, W., Übertragung lerntheoretischer Ansätze in die Praxisanleitung. Nachrichtendienst des Deutschen Vereins für öffentliche und private Fürsorge, 8, 1971, 208–213.

KATTERBACH, R., Balint-Treffen. Psychosomatische Medizin und Psychoanalyse, 4, 1979, 385–388.

171

KEISER, S., The Technique of Supervised Analysis. J. Am. Psa. Ass., Vol. IV, 1956, 539–549.

KENNEL, K., Die Anwendung der Psychoanalyse in der Medizin. Internationale Rundfunkuniversität, Hess. Rundfunk (4.5.77).

KLEIN, B., Der Kontrakt in der Supervision. Sozialpädagogik, 1, 1973, 37–42.

KLEIN, M., Das Seelenleben des Kleinkindes und andere Beiträge zur Psychoanalyse. Reinbek, 1972.

KNOEPFEL, H.-K., Wirkungen der Balint-Gruppe auf Teilnehmer und Gruppenleiter. In: LUBAN-PLOZZA, B. (Hrsg.), Praxis der Balint-Gruppen. München, 1974, 149–158.

–, Erfahrungen eines Balint-Gruppenleiters. Gruppenpsychotherapie und Gruppendynamik, 14, 1979, 205–218.

–, Einführung in die Balint-Gruppenarbeit. Stuttgart, New York, 1980.

KOCH, H.-B., Entpolitisierung durch Beratung? Aspekte zur Begründung eines Verdachtes am Beispiel der Supervision. Neue Praxis, 3, 1975, 98–102.

KREEGER, L., Die Großgruppe. Stuttgart, 1977.

KRIS, E., Die ästhetische Illusion. Frankfurt, 1977 (1952).

KUBIE, L. S., Research into the Process of Supervision in Psychoanalysis. Psa. Quart., Vol. 27, 1958, 226–236.

KUTTER, P., Methoden psychoanalytischer Gruppenarbeit, Teil II: Fallzentrierte, themenzentrierte und sog. Selbsterfahrungsgruppen. Psychotherapie und Medizinische Psychologie, 23, 1973, 51–54.

–, LAIMBÖCK, A., ROTH, J. K., Balint-Gruppenarbeit mit Studentenberatern. Gruppenpsychotherapie und Gruppendynamik, 14, 1979, 248–264.

–, ROTH, J. K., Psychoanalyse an der Universität. Psychoanalytische Selbsterfahrungs- und Supervisionsgruppen mit Studenten. München, 1981.

LABHARDT, F., Erwerb psychologischer Kenntnisse als Voraussetzung aktiver Teilnahme bei der Balint-Gruppenarbeit. Therapiewoche 27, 40, 1977, 6964–6975.

LADENDORFF, H., Psychologische und soziologische Aspekte der Supervision. Praxis der Kinderpsychologie und Kinderpsychiatrie, 18, 1969, 95–103.

LAPLANCHE, J., PONTALIS, J.-B., Das Vokobular der Psychoanalyse. Frankfurt, 1977 (1967).

LEBER, A., Psychologische Beratung in der Heimerziehung. Praxis der Kinderpsychologie und Kinderpsychiatrie, XI, 1962, 184–187.

Lebovici, S., Technical Remarks on the Supervision of Psychoanalytic Treatment. Int. J. PsA., Vol. 51, 1970, 385–392.

Lenga, G., Gutwinski, J., Sprache als Medium in Balint-Gruppen. Gruppenpsychotherapie und Gruppendynamik, 14, 1979, 228–240.

Lindon, J. A., Supervision by Tape: A New Method of Case Supervision. Psa. Forum, Vol. IV, 1972, 399–452.

Loch, W., Balint-Seminare: Instrumente zur Diagnostik und Therapie pathogener zwischenmenschlicher Verhaltensmuster. Jahrbuch d. Psa., 6, 1969, 141–156.

–, Die Balint-Gruppe – Möglichkeiten zum kontrollierten Erwerb psychosomatischen Verständnisses. In: ders., Über Begriffe und Methoden der Psychoanalyse. Bern, 1975.

–, Ärztliche Psychotherapie auf psychoanalytischer Grundlage. Psyche, 5, 1975, 383–398.

Lohmann, H.-M. (Hrsg.), Das Unbehagen in der Psychoanalyse. Eine Streitschrift. Frankfurt/Paris, 1983.

Luban-Plozza, B. (Hrsg.), Praxis der Balint-Gruppen. Heidelberg, New York, (1974), 1984.

–, Zur Entwicklung von Studenten-Balintgruppen (Junior-Gruppen). Therapiewoche 27, 40, 1977, 7049–7061.

Lützow, K. D. et al., Supervision – eine Notwendigkeit in der Jugend-, Sozial- und Gemeindearbeit. Neue Praxis, 3, 1975, 195–198.

Mahler, E., Die themenbezogene, psychoanalytisch-orientierte Selbsterfahrung in der Gruppe. Psyche, 2, 1974.

Main, T., Zur Psychodynamik großer Gruppen. In: Kreeger, L., Die Großgruppe. Stuttgart, 1977.

Marciniak, K. H., Innovation durch Beratung. Sozialpädagogik, 15, 1973, 82–86.

Marohn, R. C., The Similarity of Therapy and Supervisory Themes. Int. J. Group Psychoth., Vol. XIX, 1969, 176–184.

Martin, R. M., Prosen, H., Psychotherapy Supervision and Life Tasks: The Young Therapist and the Middle-Aged Patient. Bull. Menn. Clin., Vol. 40, 1976, 125–132.

Melzer, G., Transfer von Konfliktbereichen in der Supervision. Soziale Arbeit, 20, 1971.

Mentzel, G., Psychotherapeutische Weiterbildung von Ärzten in Kurkliniken. Praxis der Psychotherapie, 20, 1975, 83–90.

Mentzos, S., Interpersonale und institutionalisierte Abwehr. Frankfurt, 1976.

Mertens, W. (Hrsg.), Neue Perspektiven der Psychoanalyse. Stuttgart, 1981.

Mickisch, R., Weber, M., Gedanken zur »Balint-Arbeit« auf einer

173

klinisch-psychosomatischen Station. Therapie-Woche, 27, 40, 1977, 7011–7021.

Mintz, E. E., Group Supervision: An Experiential Approach. Int. J. Group Psychoth., Vol. XXVIII, 1978, 467–479.

Mitscherlich, A., In Erinnerung an Michael Balint. Psyche, 2, 1973, 97–99.

Moeller, M. L., Zur Theorie der Gegenübertragung. Psyche, 2, 1977, 142–166.

Moser, T., Lehrjahre auf der Couch. Frankfurt, 1976.

Moreau, A., Veränderter Konsultationsstil nach Balint-Ausbildung. *In:* Luban-Plozza, B. (Hrsg.), Praxis der Balint-Gruppen. München, 1974, 158–170.

Muck, M., et al., Informationen über Psychoanalyse. Theoretische und interdisziplinäre Aspekte. Frankfurt, 1974.

–, Balint-Gruppen mit Gemeindepfarrern im Sigmund-Freud-Institut Frankfurt/ Main. *In:* Becher, W. (Hrsg.), Seelsorgeausbildung. Göttingen. 1976.

Muslin, H. L., et al., Research on the Supervisory Process. Arch. Gen. Psych., Vol. 16, 1967, 427–431.

Ohlmeier, D., Gruppenpsychotherapie und psychoanalytische Theorie. *In:* Gruppentherapie und soziale Umwelt. Bern, 1975, 548–557.

Pakesch, E., Pieringer, W., Die Bedeutung der Supervisionsgruppen für die pragmatische Psychotherapie. Gruppenpsychotherapie und Gruppendynamik, 14, 1979, 241–247.

Paul, N., Puzzle einer Ehe. Stuttgart, 1977.

Petri, H., Balint-Gruppen mit Klinikärzten. Psyche, 9, 1982a, 830–844.

–, Zur Theorie und Praxis der Balint-Gruppenarbeit mit Klinikärzten. Med. Welt, 44, 1982b, 3–7.

Podnos, B., Robinson, L. A., A Dynamic Approach to Supervision of Trainees for Group Psychotherapy. Int. J. Group Psychoth., Vol. XVII, 1967, 257–260.

Raguse-Staufer, B., Raguse, H., Ein TZI-Modell der Supervision. Gruppenpsychotherapie und Gruppendynamik, 15, 1980, 78–90.

Raisich, E., Persönliche Erinnerungen an Michael Balint. Therapiewoche, 27, 40, 1977, 6934–6945.

Ramb, W., Speidel, H., Teamgruppen-Arbeit an einer Psychiatrisch-Psychosomatischen Klinik für Kinder und Jugendliche. Therapiewoche, 27, 40, 1977, 7030–7036.

Rehberger, R., Supervisionsgruppen mit Studenten. Therapiewoche, 27, 40, 1977, 7062–7074.

RICHTER, H.-E., Lernziel Solidarität. Reinbek, 1974.

–, Flüchten oder Standhalten. Reinbek, 1976.

RIMBAULT, G., Arzt-Kind-Eltern. Erfahrungen von Kinderärzten in einer Balintgruppe. Frankfurt, 1977.

RIESS, B. F., The Selection and Supervision of Psychotherapists. *In:* DELLIS, N. P., STONE, H. K. (Eds.), The Training of Psychotherapists – A Multidisciplinary Approach. Louisiana, 1960.

ROSIN, U., Lernbarrieren und Widerstände in der Balint-Gruppenarbeit mit Psychiatern. Gruppenpsychotherapie und Gruppendynamik, 16, 1980/81, 360–382.

ROTH, J. K., Balint-Gruppenarbeit in der Ausbildung von Krankenschwestern und -pflegern. Die Schwester, der Pfleger, 2, 1983, 146–148.

–, Psychoanalyse studieren? Gruppenpsychotherapie und Gruppendynamik (im Druck).

SANDLER, J., DARE, CH., HOLDER, A., Die Grundbegriffe der psychoanalytischen Therapie. Stuttgart, 1979[2].

SAPIR, M., Sexualität und Balint-Gruppen. *In:* LUBAN-PLOZZA, B. (Hrsg.), Praxis der Balint-Gruppen. München. 1974.

SCHLESSINGER, N., Supervision of Psychotherapy. Arch. Gen. Psych., Vol. 15, 1966, 129–134.

SCHMID, V., Balint-Gruppen mit Lehrern. *In:* Individuum und Gesellschaft. Familie, Schule, Politik, Strafvollzug. Stuttgart, 1973.

SCHMIDBAUER, W., Die hilflosen Helfer. Reinbek, 1977.

SCHWEIDTMANN, W., Psychosoziale Probleme im Krankenhaus. München, Berlin, Wien, 1976.

SEARLS, H. F., The Informational Value of the Supervisor's Emotional Experiences (1955). *In:* ders., Collected Papers on Schizophrenia and Related Subjects. New York, 1965.

–, Problems of Psychoanalytic Supervision (1962), *in:* ders., Collected Papers on Schizophrenia and Related Subjects. New York, 1965.

SLATER, PH. E., Mikrokosmos: Eine Studie über Gruppendynamik. Frankfurt, 1970.

SLAVSON, S. R., Supervision. *In:* ders., Analytische Gruppentherapie. Theorie und praktische Anwendung. Frankfurt, 1977.

SOLNIT, A. J., Learning from Psychoanalytic Supervision. Int. J. PsA., Vol. 51, 1970, 359–362.

SPEIDEL, H., Die Balint-Gruppe. Therapiewoche, 27, 40, 1977, 6946–6961.

STEIN, S. P., et al., Supervision of the Initial Interview. Arch. Gen. Psych., Vol. 32, 1975, 265–268.

STEPHANOS, S., AUHAGEN, U., Einige Überlegungen zur Person eines Balint-Gruppen-Leiters. Therapiewoche, 27, 40, 1977, 6976–6982.

STERBA, R., Das Schicksal des Ichs im therapeutischen Verfahren. Int. Zs. f. Psychoanalyse, 20, 1934, 66–74.

STIERLIN, H., Delegation und Familie. Frankfurt, 1978.

STÖSSEL, J. P., Die Gefühle des Herzoperierten. Südd. Zeitung v. 10.5.84.

STUCKE, W., Balint-Gruppenarbeit mit Allgemeinmedizinern. Therapiewoche, 27, 40, 1977, 6999–7005.

–, Die Balint-Gruppe. Köln, 1982.

THURN, A., Psychosomatische Medizin und Balint-Gruppen in der Dermatologie. Therapiewoche, 27, 40, 1977.

TRENKEL, A., Das ärztliche Gespräch bei Balint. In: Luban-Plozza, B. (Hrsg.), Praxis der Balint-Gruppen. München 1974.

TRUAX, CH. B., MITCHELL, K. M., Research on Certain Therapist Interpersonal Skills in Relation to Process and Outcome. in: BERGIN, A. E., GARFIELD, S. L., Handbook of Psychotherapy and Behavior Change. New York, 1978[2].

WATZLAWICK, P., WEAKLAND, J. H., FISCH, R., Lösungen – zur Theorie und Praxis menschlichen Wandels. Bern, 1974.

WESIACK, W., Die Bedeutung des Balint-Konzeptes für die Psychosomatik der Allgemeinmedizin. Therapiewoche, 27, 40, 1977, 6993–6996.

WHEELER, M. W., On a Method of Supervising Psychotherapists. In: ECKSTEIN, R. (Ed.), In Search of Love and Competence: 25 Years of Service, Training and Research at the Reiss-David-Child Study Center. Los Angeles. 1976, 62–68.

WIDOCK, W., Was ist eine Selbsterfahrungsgruppe – Was ist eine Balint-Gruppe? Praxis der Psychotherapie, Bd. 12, 1977, 13–18.

WILLI, J., Die Zweierbeziehung. Reinbek, 1975.

WINDHOLZ, E., The Theory of Supervision in Psychoanalytic Education. Int. J. PsA., Vol. 51, 1970, 393–406.

WITTENBERGER, G., Neutralität oder Parteilichkeit in der Supervision. Neue Praxis, 4, 1974, 339–343.

Im Literaturverzeichnis verwendete Abkürzungen:

Arch. Gen. Psych.	Archives of General Psychiatry
Int. J. PsA.	International Journal of Psychoanalysis
J. Am. Psa. Ass.	Journal of The American Psychoanalytic Association
Psa. Quart.	Psychoanalytic Quarterly
Bull. Menn. Clin.	Bulletin of The Menninger Clinic
Am. J. Psych.	American Journal of Psychiatry
Int. J. Group Psychoth.	International Journal of Group Psychotherapy
Psa. Rev.	Psychoanalytic Review

Weiterführende Literatur

Die folgenden Titel sind ein Vorschlag für denjenigen, der sich eingehender mit psychoanalytischer Literatur und mit Balint-Gruppenarbeit beschäftigen will, als es in diesem Text möglich ist. Kurze Kommentare dienen der Orientierung.

Psychoanalyse:

FREUD, S., Vorlesungen zur Einführung in die Psychoanalyse. Gesammelte Werke Bd. XI, 1916/1917. Oder: Hrsg. u. eingel. von Ilse Grubrich – Simitis, 5. Aufl., 1983, Fischer Taschenb. 6348

FREUD, A., Das Ich und die Abwehrmechanismen. München (Kindler), 1977 (1936). 9. Auflage. Geist und Psyche 42001
Beide Werke gehören zu den Klassikern der Psychoanalyse und beeindrucken durch ihre sprachlich-gedankliche Klarheit und Prägnanz.

SANDLER, J., DARE, CH., HOLDER, A., Die Grundbegriffe der psychoanalytischen Therapie. Stuttgart (Klett), 1979
Gibt einen ausgezeichneten Überblick zu theoretischen und behandlungstechnischen Fragen der Psychoanalyse.

MOSER, T., Lehrjahre auf der Couch. Frankfurt (Suhrkamp), 1976 St 356
Vermittelt einen lebendigen Einblick in den Verlauf einer Psychoanalyse aufgrund der persönlichen Schilderung des Autors seiner eigenen Analyse.

Balint-Gruppenarbeit:

BALINT, M., Der Arzt, sein Patient und die Krankheit. Stuttgart (Klett), 1976 (1964)
Ist das grundlegende Standardwerk zur Balint-Gruppenarbeit, in dem

diese Methode erstmals ausführlich vorgestellt und vom Autor mit zahlreichen Beispielen aus der ärztlichen Praxis versehen wurde.

LUBAN-PLOZZA, B., (Hrsg.), Praxis der Balint-Gruppen. München (Lehmanns), 1974
Enthält zahlreiche Beiträge zu speziellen Fragen der Balint-Gruppenarbeit.

GRECO, R. S., PITTENGER, R. A., Ein Hausarzt und seine Praxis. Stuttgart (Klett), 1968
Für den praktischen Arzt und Internisten sehr lesenswert, geben die Autoren anhand vieler Beispiele einen lebendigen Eindruck davon, wie sich durch die Balint-Gruppe die alltägliche Praxis eines praktischen Arztes verändert.

Therapiewoche, 27, Heft 40, 1977
Das gesamte Heft ist der Balint-Gruppenarbeit gewidmet und greift wichtige, spezielle Fragestellungen auf.

BALINT, E., LUBAN-PLOZZA, B., (Hrsg.), Patientenbezogene Medizin. Stuttgart (Gustav Fischer), 1978–1983
Eine Publikationsreihe, in der regelmäßig wissenschaftliche Beiträge über die Anwendung und weitere Entwicklung der Balint-Gruppenmethode im medizinisch-psychotherapeutischen Bereich erscheinen.

Geist und Psyche

Peter Kutter

Jörg Kaspar Roth

Psychoanalyse

an der Universität

Psychoanalytische Selbsterfahrungs-
und Supervisionsgruppen mit Studenten

Mit Beiträgen von

Lena Inowlocki

Anne Laimböck und

Ingeborg Schramm

ISBN 3-59642-2228-0

Kindler

Taschenbücher

Prof. Dr. med. Horst Cotta
Der Mensch ist so jung wie seine Gelenke
Haltung · Bewegung · Sport · Ernährung · Behandlung
Unter Mitarbeit von Dr. med. Arnim C. Braun, Dr. med. Baldung M. Gärtner,
Antje Hüter, Dr. med. Fritz U. Niethard, Dr. med. Wolfgang Stein,
Dr. med. Klaus Steinbrück – Neuausgabe 1983. 297 Seiten mit 154 Zeichnungen
von Horst Busse und 7 Fotos. Serie Piper 275

»Der Heidelberger Mediziner versteht sein Werk als Dialoghilfe zwischen Arzt und
Patient, denn wer vom Hammerzeh geplagt, vom Hexenschuß gepeinigt wird, dem sei
das informative Aufklärungswerk ans Herz gelegt.«   Münchner Merkur

»Ein Buch, das nicht nur Wissen allein vermittelt, sondern auch echte Hilfe anbietet
für jeden Heilungsuchenden«.   Südfunk

Prof. Dr. med. Ludwig Rausch
Mensch und Strahlenwirkung
Strahlenschäden Strahlenbehandlung Strahlenschutz
1982. 347 Seiten mit 117 Abbildungen. Kt.

Der Mediziner und Strahlenbiologe erläutert die verschiedenen Strahlenarten, denen
heute jeder Mensch ausgesetzt ist, ihre Wirkung und die Reaktionen des
menschlichen Organismus. Eine Thematik, über die jeder informiert sein sollte,
besonders alle, die mit Strahleneinwirkung konfrontiert werden:
z. B. medizinisches Personal, Mitarbeiter von Kernkraftwerken und alle, die sich
von den Diskussionen um »Strahlenrisiken« betroffen fühlen.

Prof. Dr. med. Ludwig Rausch
Strahlenrisiko!?
Medizin Kernenergie Strahlenschutz
4. Aufl., 21. Tsd. 1980. 298 Seiten. Serie Piper 194

Hans Schaefer
Plädoyer für eine neue Medizin
Neuausgabe 1981. 307 Seiten. Serie Piper 225

PIPER

Prof. Dr. med. Gotthard Schettler
Der Mensch ist so jung wie seine Gefäße
Arteriosklerose · Herzinfarkt · Schlaganfall · Durchblutungsstörungen.
Entstehung · Risiken · Vorbeugung · Behandlung
Mit Beiträgen von Prof. Dr. med. Michael DeBakey, Prof. Dr. med. Hubert Mörl,
Prof. Dr. med. Egbert Nüssel. 1982. 308 Seiten mit 47 Graphiken und Abbildungen
und 17 Farbfotos
»Das Altern können wir nicht verhindern, aber krankhafte Verschleißprozesse am
Gefäßsystem können wir heute in allen Phasen beeinflussen. Je früher wir damit beginnen,
um so erfolgreicher werden wir sein.«   Gotthard Schettler

Prof. Dr. med. Robert Schmidt
Medizinische Biologie des Menschen
Eine Einführung für Gesunde und Kranke
Überarbeitete und erweiterte Neuausgabe 1983 von »Biomaschine Mensch«.
Ca. 482 Seiten mit 81 Tafeln von Rüdiger Gay und Rainer Benz.

»Medizinische Biologie des Menschen« geht jeden an: eine Lektüre für alle, die sich
mit der Biologie des Menschen auseinandersetzen, eine Informationsquelle für alle
Angehörigen der Heilberufe und ein wichtiger Ratgeber für Gesunde und Kranke.
»Man spürt, daß hier ein Wissenschaftler am Werk ist, der gelernt hat, andere nicht nur
an seinen Kenntnissen, sondern auch an der Faszination teilhaben zu lassen.«
                                        Spektrum der Wissenschaft

»Ein Buch, das nicht nur informativ und daher nützlich ist – ein Buch, das sich spannend
liest und das wirklich anregt, den eigenen Körper kennenzulernen, mit dem man ein
Leben lang auskommen muß.«   Norddeutscher Rundfunk

Prof. Dr. med. Robert F. Schmidt/Prof. Dr. med. Albrecht Struppler
Der Schmerz
Ursachen · Diagnose · Therapie.
1982. 304 Seiten. Serie Piper 241

»Die Autoren diskutieren den Begriff »Schmerz« von allen nur denkbaren Seiten her,
und herausgekommen ist in dieser Studie eine aufschlußreiche, ja geradezu
spannende Einführung in die vielfältigen Formen des Schmerzes. Nahezu alle
medizinischen Begriffe werden erläutert, und viele Fallbeispiele führen in die
theoretischen Überlegungen ein.«   Stuttgarter Zeitung

SERIE PIPER

SERIE PIPER

SERIE PIPER

Serie Piper

SERIE PIPER

Serie Piper

Serie Piper